近代政治史系列

甲午战争史话

*A Brief History of
the 1894-1895 Sino-Japanese War*

寇 伟 / 著

社会科学文献出版社
SOCIAL SCIENCES ACADEMIC PRESS (CHINA)

图书在版编目（CIP）数据

甲午战争史话/寇伟著.—北京：社会科学文献出版社，2012.5
（中国史话）
ISBN 978-7-5097-3118-5

Ⅰ.①甲… Ⅱ.①寇… Ⅲ.①中日甲午战争-史料 Ⅳ.①K256.306

中国版本图书馆 CIP 数据核字（2012）第 019966 号

"十二五"国家重点出版规划项目

中国史话·近代政治史系列

甲午战争史话

著　　者／寇　伟

出 版 人／谢寿光
出 版 者／社会科学文献出版社
地　　址／北京市西城区北三环中路甲 29 号院 3 号楼华龙大厦
邮政编码／100029

责任部门／人文分社　（010）59367215
电子信箱／renwen@ssap.cn
责任编辑／梁艳玲
责任校对／岳书云
责任印制／岳　阳
总 经 销／社会科学文献出版社发行部
　　　　　（010）59367081　59367089
读者服务／读者服务中心（010）59367028

印　　装／北京画中画印刷有限公司
开　　本／889mm×1194mm　1/32　印张／5.375
版　　次／2012 年 5 月第 1 版　字数／105 千字
印　　次／2012 年 5 月第 1 次印刷
书　　号／ISBN 978-7-5097-3118-5
定　　价／15.00 元

本书如有破损、缺页、装订错误，请与本社读者服务中心联系更换
版权所有　翻印必究

《中国史话》编辑委员会

主　　任　陈奎元

副主任　武　寅

委　　员　（以姓氏笔画为序）

　　　　　卜宪群　王　巍　刘庆柱
　　　　　步　平　张顺洪　张海鹏
　　　　　陈祖武　陈高华　林甘泉
　　　　　耿云志　廖学盛

总　序

中国是一个有着悠久文化历史的古老国度，从传说中的三皇五帝到中华人民共和国的建立，生活在这片土地上的人们从来都没有停止过探寻、创造的脚步。长沙马王堆出土的轻若烟雾、薄如蝉翼的素纱衣向世人昭示着古人在丝绸纺织、制作方面所达到的高度；敦煌莫高窟近五百个洞窟中的两千多尊彩塑雕像和大量的彩绘壁画又向世人显示了古人在雕塑和绘画方面所取得的成绩；还有青铜器、唐三彩、园林建筑、宫殿建筑，以及书法、诗歌、茶道、中医等物质与非物质文化遗产，它们无不向世人展示了中华五千年文化的灿烂与辉煌，展示了中国这一古老国度的魅力与绚烂。这是一份宝贵的遗产，值得我们每一位炎黄子孙珍视。

历史不会永远眷顾任何一个民族或一个国家，当世界进入近代之时，曾经一千多年雄踞世界发展高峰的古老中国，从巅峰跌落。1840年鸦片战争的炮声打破了清帝国"天朝上国"的迷梦，从此中国沦为被列强宰割的羔羊。一个个不平等条约的签订，不仅使中国大量的白银外流,更使中国的领土一步步被列强侵占,国库亏空,民不聊生。东方古国曾经拥有的辉煌,也随着西方列强坚船利炮的轰击而烟消云散,中国一步步堕入了半殖民地的深渊。不甘屈服的中国人民也由此开始了救国救民、富国图强的抗争之路。从洋务运动到维新变法,从太平天国到辛亥革命,从五四运动到中国共产党领导的新民主主义革命,中国人民屡败屡战,终于认识到了"只有社会主义才能救中国,只有社会主义才能发展中国"这一道理。中国共产党领导中国人民推倒三座大山,建立了新中国,从此饱受屈辱与蹂躏的中国人民站起来了。古老的中国焕发出新的生机与活力,摆脱了任人宰割与欺侮的历史,屹立于世界民族之林。每一位中华儿女应当了解中华民族数千年的文明史,也应当牢记鸦片战争以来一百多年民族屈辱的历史。

当我们步入全球化大潮的 21 世纪,信息技术革命迅猛发展,地区之间的交流壁垒被互联网之类的新兴交流工具所打破,世界的多元性展示在世人面前。世界上任何一个区域都不可避免地存在着两种以上文化的交汇与碰撞,但不可否认的是,近些年来,随着市场经济的大潮,西方文化扑面而来,有些人唯西方为时尚,把民族的传统丢在一边。大批年轻人甚至比西方人还热衷于圣诞节、情人节与洋快餐,对我国各民族的重大节日以及中国历史的基本知识却茫然无知,这是中华民族实现复兴大业中的重大忧患。

中国之所以为中国,中华民族之所以历数千年而不分离，根基就在于五千年来一脉相传的中华文明。如果丢弃了千百年来一脉相承的文化，任凭外来文化随意浸染，很难设想13亿中国人到哪里去寻找民族向心力和凝聚力。在推进社会主义现代化、实现民族复兴的伟大事业中，大力弘扬优秀的中华民族文化和民族精神，弘扬中华文化的爱国主义传统和民族自尊意识，在建设中国特色社会主义的进程中，构建具有中国特色的文化价值体系，光大中华民族的优秀传统文化是一件任重而道远的事业。

当前，我国进入了经济体制深刻变革、社会结构深刻变动、利益格局深刻调整、思想观念深刻变化的新的历史时期。面对新的历史任务和来自各方的新挑战，全党和全国人民都需要学习和把握社会主义核心价值体系，进一步形成全社会共同的理想信念和道德规范，打牢全党全国各族人民团结奋斗的思想道德基础，形成全民族奋发向上的精神力量，这是我们建设社会主义和谐社会的思想保证。中国社会科学院作为国家社会科学研究的机构，有责任为此作出贡献。我们在编写出版《中华文明史话》与《百年中国史话》的基础上，组织院内外各研究领域的专家，融合近年来的最新研究，编辑出版大型历史知识系列丛书——《中国史话》，其目的就在于为广大人民群众尤其是青少年提供一套较为完整、准确地介绍中国历史和传统文化的普及类系列丛书，从而使生活在信息时代的人们尤其是青少年能够了解自己祖先的历史，在东西南北文化的交流中由知己到知彼，善于取人之长补己之短,在中国与世界各国愈来愈深的文化交融中,保持自己的本色与特色,将中华民族自强不息、厚德载物的精神永远发扬下去。

《中国史话》系列丛书首批计200种,每种10万字左右,主要从政治、经济、文化、军事、哲学、艺术、科技、饮食、服饰、交通、建筑等各个方面介绍了从古至今数千年来中华文明发展和变迁的历史。这些历史不仅展现了中华五千年文化的辉煌,展现了先民的智慧与创造精神,而且展现了中国人民的不屈与抗争精神。我们衷心地希望这套普及历史知识的丛书对广大人民群众进一步了解中华民族的优秀文化传统,增强民族自尊心和自豪感发挥应有的作用,鼓舞广大人民群众特别是新一代的劳动者和建设者在建设中国特色社会主义的道路上不断阔步前进,为我们祖国美好的未来贡献更大的力量。

2011年4月

⊙寇 伟

作者小传

寇伟，男，1963年5月生于北京。1986年毕业于中国人民大学历史系，1987年到中国社会科学院近代史研究所工作，曾在澳门大学葡文学院葡萄牙语言与文化专业学习，获硕士学位。2000年起，任中国社会科学院近代史所办公室副主任、主任。主要研究方向是中葡关系史、澳门史、中日关系史。撰有《甲午战争史话》、《中国近代妇女报刊通览》(合著)、《中国近代史演义》(合著)等著作，发表《1553~1849年澳门主权归属问题》等论文数十篇。

目 录

一 战云密布 日本阴谋侵略扩张 …………… 1
　1. 风雨飘摇的大清帝国 ……………………… 1
　2. 武装到牙齿的日本 ………………………… 4
　3. 清政府仓促备战 …………………………… 7

二 不宣而战 日军发动侵略战争 …………… 12
　1. 东学党起义 ………………………………… 13
　2. 蓄意挑衅 攻占汉城 ……………………… 15
　3. 突然袭击 挑战丰岛 ……………………… 18
　4. 激战成欢驿 ………………………………… 22

三 中日宣战 清军奋起痛击日寇 …………… 25
　1. 平壤保卫战 ………………………………… 26
　2. 黄海大海战 ………………………………… 34

四 激战辽东 日军侵入中国东北 …………… 45
　1. 虎山激战 …………………………………… 45
　2. 鸭绿江防全线崩溃 ………………………… 49

3. 辽阳东路争夺战 …………………… 51
  4. 海城争夺战 ………………………… 54
  5. 金州陷落 …………………………… 65
  6. 土城子大捷 ………………………… 69
  7. 旅顺喋血 …………………………… 73

五 鏖战山东 北洋舰队全军覆灭 …………… 77
  1. 日军登陆荣成湾 …………………… 77
  2. 南北帮炮台陷落 …………………… 79
  3. 殊死搏斗 …………………………… 87
  4. 悲壮的结局 ………………………… 92

六 连战连败 清军再失辽河下游 …………… 96
  1. 牛庄失守 …………………………… 96
  2. 再丢营口、田庄台 ………………… 99

七 奴颜婢膝 李鸿章签《马关条约》………… 103
  1. 急病乱投医 ………………………… 103
  2. 中日议和交涉 ……………………… 105
  3. 日本广岛拒使 ……………………… 108
  4. 李鸿章赴日签丧权辱国条约 ……… 111

八 见利眼红 三国联盟干涉还辽 …………… 121
  1. 三国迫日还辽 ……………………… 121
  2. 清政府"赎回"辽东半岛 …………… 122

九　保卫家园　台湾军民奋起御侮 ……………… 125
　1. 台湾民主国诞生 ……………………………… 126
　2. 日军进犯台北 ………………………………… 129
　3. 新竹争夺战 …………………………………… 131
　4. 保卫台中 ……………………………………… 137
　5. 浴血台南 ……………………………………… 143

参考书目 ………………………………………… 149

一　战云密布　日本阴谋侵略扩张

中国和日本是一衣带水的邻邦，两国人民之间的友好交往，源远流长。史书记载，早在2000多年以前，就有中国人到达日本列岛。以后，两国人民往来不断。隋唐时期，中国经济发达，国富民足，中日交往也空前密切。中国鉴真大师东渡扶桑，日本遣唐使到唐朝都城长安（今西安）。华夏民族的风俗、服饰、饮食以及丰富绚丽的思想文化，都深深地影响着日本。即使是今天，大和民族在服饰、饮食习惯和思想文化等方面也还留存着华夏民族的遗风。两国政府间与民间的交流几乎包括了政治、经济、文化、宗教、外交等所有领域。纵观两国交往的历史，尽管也有过不愉快的时期，如明代以日本人为主的"倭寇"对中国东南沿海的骚扰，一度严重威胁了明朝的社会生活秩序，迫使明政府调整对外政策，实施了海禁。但总的来说，和平友好仍是中日两国交往的主旋律。

风雨飘摇的大清帝国

历史的车轮进入19世纪，世界的格局发生了根本性的变化。以野蛮的"羊吃人"的圈地运动和大规模的贩卖黑人做奴隶为代表的资本原始积累，为资本家聚敛了大批财富，而随着英、法、美等国完成了工业革命，资本主义制度在这些国家得到确立。生产力的不断发展和产品的不断增加，促使资本家们将目光转向国外，以期开拓海外市场，掠夺廉价劳动力和资源，倾销产品。要实现这些目的，在他们看来，最好的办法就是在海外建立殖民地。因此，他们不惜通过欺骗、收买甚至动用武力等方法，在全球范围内掀起疯狂的掠夺殖民地狂潮。列强们的眼睛早就盯上了在传说中充满黄金和其他财富的中国和日本。

此时的中日关系，已纳入了纷繁复杂、变化多端的国际关系之中。在资本主义列强咄咄逼人的侵略扩张气焰下，中日两国既面临外部的压力和冲击，又经受着自身内部各种矛盾的冲突和变化，如何面对这个新的世界环境，怎样调整与外部世界的关系，就成为中日两国统治者亟待解决的问题。

在中国，由于长期的闭关锁国，与世隔绝，以天朝大国自居的清王朝，浑浑然以自己为天下万邦的中心。清朝皇帝虚骄自大、目空一切，朝臣更是孤陋寡闻，对外部世界一无所知。有的大臣在给皇帝的奏章中，竟称来华朝贡的西洋人所说国名、地名都是假的，其实都是来自一个地方，不过想借此多骗些天朝的回赐罢了。在这种心态驱使下，清王朝的君臣们愈加妄自尊大，麻木不仁，认为天朝物产丰盈，无所不有，根本不需要与西洋人通商贸易，而天朝生产的丝绸、茶叶等又是外邦国计民生的必需品。天下唯我独尊的统治者们仅在广州开埠，接受海外各国的"朝贡"，设点互市。清王朝长期以来实行自给自足、重农抑商的政策，严重阻碍了社会生产力的发展，加之水旱虫灾，粮食连年歉收，国库空虚。各级官吏为满足骄奢淫逸的生活，变本加厉，巧取豪夺。他们滥设名目，将沉重的地租、赋税、徭役压在广大农民头上。老百姓食不果腹，衣不蔽体，挣扎在饥饿、死亡线上。昔日的繁华市镇、千里沃野，已是路见白骨，野有饿殍。广大民众不堪忍受苦痛的生活，铤而走险，揭竿起义。清朝的主要军事力量八旗兵及绿营兵，由于长期疏于训练，军纪松懈，斗志涣散，战斗力极差。为确保漫长的海岸线的安全，清朝也曾组织水师，但因长期奉行海禁政策，只在近海缉"匪"捕"盗"，且战船多以薄板钉造而成，年久失修，连正常出海巡逻的任务都难以应付，更何谈出海作战。

1840年，英国对中国发动鸦片战争，凭借船坚炮利，击垮清王朝脆弱的防御力量，强迫清政府签订了中英《南京条约》，割让香港岛，勒索巨款，强开商埠，取得领事裁判权和其他特权。随后，美国、法国、葡萄牙、比利时、瑞典、挪威、荷兰、西班牙、普鲁士、丹麦等也接踵而至，要求"共同分享"侵略权益。战败的清王朝则抱定"一视同仁"的态度，摆出一副任人宰割的架势，统统予以满足。对内，昏庸腐朽的清朝统治者，死抱着"祖宗成法"，拒绝一切变革，不思进取。一个曾经在经济、文化、科技等方面居世界前列的强盛的中国，此时已是危机四伏，内外交困。

武装到牙齿的日本

当清朝皇帝做着天下唯我独尊美梦的时候，英、美、法等国的资本主义已得到飞速发展，通过各种各样的手段，疯狂进行资本的原始积累。它们在世界各地强占领土，开拓殖民地，掠夺资源，倾销产品，加紧殖民奴役和经济掠夺。此时，东邻日本也蠢蠢欲动。原本，差不多同一时期，同样处于封建统治下的日本，实行的同样是封关锁国的政策。在德川幕府统治下，日本只允许中国和荷兰的商人在长崎通商，对其他国家的通商要求一概拒绝。1853年，美国东印度舰队司令培理率舰队闯入江户湾（今日本东京湾），以武力打破日本的封关锁国政策。次年，美国又强迫日本签订了《日美和亲条约》，胁迫日本对美国开国。日本被迫"开国"后，英、俄、荷等也纷至沓来，掠夺了一系列特权。日本与中国一样，都面临着被压迫、遭奴役的命运。面对这一局面，日本统治者做出了与清王朝皇帝完全不同的选择。1868年，在结束了幕府统治后，天皇睦仁改元"明治"，开始进行维新，逐步解决了各地藩主的封建割据，在全国形成了中央集权的统一局面。在外交上，日本派遣大批人员出国考察、了解国际社会，重新制定自己的政策，期望早日跻身于强国之列。君主体制的确立，使得多年蛰居京都宫中、毫无实权的天皇拥有了至高无上的权力，开始自上而下地扶植、保护资本主义发展。这一时期的日本社会，出现了不同于欧洲列强资本主义发展道路的形势。资本主义的生产关系与农村半封建土地所有制并存，各级议会中有1/3议席被中小地主或大地主占据，使得日本资本主义的发展"带有强烈的军事封建色彩"。由于自然、地理、人口等条件的限制，日本国内市场狭窄，资源匮乏，资本原始积累从一开始就表现出极大的掠夺性和侵略性。面对英、美、法等老牌资本主义国家在全球抢占殖民地的狂潮，日本也不甘落后，积极策划，强化军事工业的发展。1868年，以天皇名义发表的《宸翰》宣布，要"继承列祖列宗之伟业"，"开拓万里波涛，布国威于四方"，并明确规定负责处理外交事务的官员职责是"监督贸易，开疆拓土"。在这样的侵略方针指导下，邻近的亚洲国家，特别是中国、朝鲜就成为其"开疆拓土"的首选之地。

1891年，日本总理大臣山县有朋在政府《施政方针》中，公然抛出要捍卫"主权线"和"利益线"的主张。人们对"主权线"不难理解，涉及国家疆域版图，而"利益线"则耐人寻味。在《施政方针》中系指：凡是和日本国家疆域有"密切关系的区域是也"，而这个"区域"即指朝鲜、中国。在这种侵略方针驱使下，日本开始了疯狂的扩军备战。

由于日本是岛国，进行扩张就必须首先建立强大的海军。天皇睦仁更是从王室经费中拨出专款支持购买军舰。1892年，在法国订购的巡洋舰"松岛"、"岩岛"驶抵日本。此前一年，"桥立"舰已建成并交付日本海军。1893年，从英国购买了"吉野"号。次年，"秋津州"舰也竣工交付日本海军使用。至甲午战争爆发前，日本海军已拥有军舰31艘、鱼雷艇37艘，总吨位达6万吨。陆军组建了6个野战师团、1个近卫师团，均配有炮兵、骑兵、工兵等，现役兵力达12.3万人，野、山炮计240门，战马3.8万匹，战时总动员兵力可达23万。为扩大军需产品生产，除强化国内军工企业、大量制造枪炮弹药外，还拨出巨资从欧洲购买武器弹药等战备物资，仅1894年购买军火就花费日元达420多万。为准备发动战争，海陆军频繁进行联合或单独军事演习，而所有这些演习，都以中国为假想敌。在疯狂扩军的同时，日本政府还向中国、朝鲜派出大批间谍，化装成商人、旅行者，有的干脆就化装成中国人，千方百计地搜集政治、军事、经济、文化、地理、人文等各方面情报。大特务头子川上操六更是亲自出马，对中国的烟台、天津、上海、南京等地进行实地勘察，熟悉山川形势，了解风土人情，探查军队部署。日本间谍绘制的军用地图，将中国东北、山东半岛的每一个村庄，每一条道路，甚至水井，都标示得清晰准确。日本为发动侵略战争下了大的力气，做了精心的准备。

3 清政府仓促备战

清王朝起先只有旧式水师,没有近代化的新式海军。第一次鸦片战争期间,以林则徐为代表的一批有识之士,认识到西方列强船坚炮利的优势,本着"师夷长技以制夷"的方针,开始购置西洋船炮,以加强沿海防御能力。嗣后,总理衙门委托海关税务司英人李泰国在英国购买船舰。1863年,清政府耗费白银107万两,购买中号兵船3艘,小号兵船4艘,组成舰队。清政府随即任命巡湖营总兵蔡国祥统率这支舰队。李泰国为控制这支舰队,竟擅自任命英国军官阿思本为舰队司令,并在英国本土招募官兵600多人,组成了一支由洋人指挥、洋人管理的洋人舰队,外国人称之为"李泰国—阿思本舰队"。李泰国与阿思本还私下订立合同13条,规定:凡舰队炮手、水手及将官皆由李、阿二人选择决定;舰队只对清朝皇帝负责,其他人无权干涉;皇帝谕旨须经李泰国转达,舰队方能执行,"若由别人转谕,则未能遵行";等等。此举一出,朝野哗然。中国的舰队要听命于洋人,完全由洋人摆布,这是何方的逻辑,哪家的道理?就连力主买船的曾国藩、李鸿章等也表示反对。总理衙门也称:李、阿二人私订之合同13条,事事都由阿思本专权独断,"不肯听命于中国,尤为不谙体制,难以照办"。经反复磋商,总理衙门决定遣散阿思本招募的洋兵洋将,命令舰队退返英国,退回已购船只,折价变卖。李泰国也因"办事刁诈，以致虚糜巨款"被免职。清政府为购船和遣散洋兵总计花费白银160万两，变卖船只后仅收回51万两，虽在经济上蒙受了重大损失，但毕竟使外国侵略者控制中国近代第一支新式海军的阴谋未能得逞。

1871年，日本任命大藏卿伊达宗诚为全权代表、外务大丞柳原前光为副使到中国谈判，以期建立正式的外交关系。秉承日本政府既定的侵略方针，伊达向清政府提出日本应享有别国在中国已取得的一切侵略特权等条件，遭清政府断然拒绝。后经反复商谈，9月，两国签订了《修好条规》和《通商章程》，内容基本体现了平等的原则。由于在建立邦交的交涉中未能完成既定的侵略目标，伊达回国后即被免职。可见，日本与中国建交，从一开始就怀有极其阴险的目的。

1874年5月7日，日军在台湾琅璚登陆。日本悍然派兵侵略台湾，清朝野震动。台湾自古以来就是中国领土。日本竟置历史与现实于不顾，设置台湾事务局，明目张胆地要据台湾为己有。沿海疆臣，又以铁甲舰未备，难以与敌抗衡为由，畏缩不前。孤悬海外的台湾民众，得不到祖国的武力支援，凭着满腔的爱国热情和誓死保卫家园的坚强决心，用火炮、长枪、弓、刀、矛等落后武器与来犯日军浴血鏖战，予敌重创，但终难以阻挡有先进武器的日军。面对穷凶极恶的敌人，岛上居民展开了游击战争，不时骚扰、袭击日军。日军虽然占领台湾，但外交上陷于孤立，得不到其他国家的同情。加之远离本土作战，运输、给养也颇为困难。日军士兵不服水土,军中瘟疫流行,肠胃病、疟疾患者激增。8月,全军2500人几乎没有一个是健康的,每天都有数人或十余人死亡。军中士气低落,士兵厌战,整个部队难以再战。为摆脱这一被动局面,日本转而借助外交手段,以停战为条件,向清政府进行讹诈勒索。

9月10日,被任命为全权办理大臣的大久保抵达北京。此次日本出兵台湾,大久保是主要参与谋划者之一。至8月,日军在台陷入困境,大久保也深感难卸其责。为摆脱自己的尴尬处境,请命来华。经与清政府要员多轮谈判,签订《北京专条》3款和凭单1件,勒索40万两白银。日军也被迫应允撤离台湾。尽管日军侵占台湾的阴谋归于失败,但清政府却与之签订了屈辱的赔偿协议,再一次暴露出软弱可欺的本质。日本的这一侵略行动,使得清政府内一些有识之士深刻意识到日本将成为"中国永久大患"。因此,总结这次事变的经验教训,加强防卫,筹组海军,迅速装备铁甲巨舰,建立新式海军,就成为清政府从日军侵台中得出的一条深刻教训。

面对危局,清政府痛下决心,决定创建新式海军。1875年,李鸿章在英国人赫德的竭力怂恿下,从英国阿模士庄厂订购载38吨大炮的蚊船2艘,载26.5吨大炮的蚊船2艘,共耗银45万两。此后两年中,这4艘炮船分批驶回中国。李鸿章亲往大沽验收,分别命名为"龙骧"、"虎威"、"飞霆"、"策电"。由于赫德把蚊船的性能和威力吹得天花乱坠,说它"精致灵捷",

用于守护海口最为得力等等，加之清政府普遍没有近代舰船知识，经不住他的一再游说，李鸿章于1878年又通过赫德订购4只蚊船，取名"镇北"、"镇南"、"镇东"、"镇西"。但是，经过实际操练，蚊船大炮沉重，船体窄小，行驶缓慢，只宜在沿岸浅水中航行，根本不适合在大洋接战等弊病暴露无遗。由钢铁片拼凑而成的船身，"岁须两修"，花费颇巨。为节省开支，只好弃置不用，统统存入船坞，完全成为废品。无奈，李鸿章又通过赫德从英国订购快船两只，1881年秋驶返中国，被命名为"超勇"、"扬威"。鉴于赫德多次言不符实，1880年，李鸿章转而通过驻德公使李凤苞在德国伏耳铿厂订购铁甲舰1艘，次年又订1艘。1885年，两舰驶回，命名"定远"、"镇远"。此二舰吨位相同，均为7000吨，航速每小时14.5海里。在该厂订购的一艘快船也同时返回，命名"济远"。以后又陆续从英国购买快船两艘，命名"致远"、"靖远"；从德国购买快船两艘，命名"经远"、"来远"等，还购置鱼雷艇7艘。经过数年的苦心经营，至1888年9月，北洋舰队已拥有大小舰艇近50艘，总吨位约达5万吨，规模粗具。

　　为筹组新式海军，在购买船舰的同时，李鸿章着手组建海军机构，着力培养海军人才，建立海军基地。1879年，在天津设立水师营务处，专门负责处理北洋海军的日常事务。第二年，又在天津设立水师学堂，为北洋海军培养急需的驾驶人才。颁布《北洋海军章程》，明确舰船等级、编制、人员、俸饷及员弁升擢规则,每三年会操一次。1888年,奏请任命丁汝昌为提督,统率北洋舰队。丁汝昌,字禹廷,安徽庐江人。幼时家境贫寒,曾参加太平军,后投入湘军。1864年,任副将。1868年任总兵,加提督衔。后转投李鸿章门下,留北洋海防差遣。1881年,赴英国统带"超勇"、"扬威"两快船驶返,得到李鸿章的信任。1882年获头品顶戴。次年,任天津镇总兵。1888年12月,升任北洋海军提督,统率大小舰只40余艘,并设北洋海军衙门于刘公岛。

  为加强海防,清政府在旅顺口、大连湾、威海卫建立防御设施,修筑炮台。经数年苦心经营,将威海卫这一天然良港建成北洋舰队停泊的大型军港,并在旅顺口营建一大型船坞。1885年10月,清政府宣布设立海军衙门,任命醇亲王奕譞总理海军事务,庆亲王奕劻及李鸿章为会办,汉军都统善庆和兵部右侍郎曾纪泽为帮办。实际上,北洋海军大权操纵在李鸿章手里。自此,李视北洋舰队为私人财产,拥兵自重,并不认真筹备战事。北洋舰队组成后,清政府即停止购置新舰。奕譞为讨慈禧欢心,将海军经费挪用,为慈禧太后大修颐和园。北洋舰队成立之日,亦即停止发展之时。至甲午战前,中日海军力量对比,北洋舰队无论在总吨位、大炮数量、航速上都明显居于劣势,连李鸿章也深感"后难为继"。北洋舰队自它成立之日起就埋下了巨大的危机。

二 不宣而战 日军发动侵略战争

1890年起,受世界资本主义经济危机的巨大冲击,日本社会也呈现经济危机征兆。棉布、豆油生产下降,粮价暴涨,外贸逆差增加,工人失业,广大民众处境恶化。以伊藤博文为总理大臣的内阁与议会之间矛盾不断扩大,冲突加剧,内阁处于风雨飘摇之中。面对议会的不信任案,伊藤只有辞职或第三次解散议会这两种选择。鉴此,为转移国内民众的不满情绪,摆脱困境,避免垮台,寻机发动侵略战争便成为摆在伊藤内阁面前的当务之急。外相陆奥宗光在写给驻英公使青木周藏的信中称:"日本国内政治形势变得越来越紧张,不能用一般手段使这种慌乱的人心安定下来。但是毫无借口就发动战争也是不可能的。"日本驻华盛顿公使建野乡三也表示,"为了使日本国民的注意力从国内现状不满中转移出来,我们宁愿反华战争"。正当伊藤焦急万分、千方百计寻找对策之际,朝鲜爆发了东学党领导的农民起义。朝鲜的内乱给日本发动侵略战争提供了一个千载难逢的机会，伊藤遂不顾一切，抓住这个机会全力发动侵朝战争。

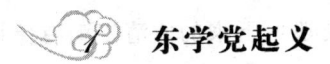

东学党起义

东学道，即"东学教"。"东学"即"东方之学"，因与西方传教士传播的"西学"——天主教相对抗而得名。朝鲜教徒们在民间流传的天道教、侍天教基础上，补充了儒教、佛教、道教的内容，以"诚"、"敬"、"信"三字为东学教义，使得东学教更符合现时的社会情况，更容易被民众接受，因而颇具号召力。此时的朝鲜，由于统治集团政治腐败，官吏穷奢极欲，人民生活艰难，怨声载道。东学道的创立，在精神上极大地满足了广大民众的需求，几年时间，信徒遍及全国。东学道发布的揭帖，具有强烈的反侵略特色，斗争矛头直指日本，提出了"除暴救民"、"扫破倭洋"的口号。1894年1月，俸古阜郡东学道首领全琫准率众起义，全罗、忠清、庆尚三道民众群起响应。义军纪律严明，深受百姓欢迎，大批青壮年纷纷加入，使得义军声势大振。全琫准率义军攻城拔地，所到之处，开仓分粮，救济民众。义军屡屡击溃前来镇压的官军，并占领全罗道首府全州，开仓赈济贫民，烧毁借据契约，建立农民政权——"执纲所"。义军浩大的声势，使得朝鲜统治者惊恐万状，限于自身的力量，万般无奈之下，朝鲜国王下决心向清王朝求援，"借兵助剿"。6月3日，朝鲜国王派特使将乞援书送至清王朝驻朝鲜通商大臣袁世凯处，请求清政府"酌遣数队，速来代剿"。袁世凯迅即电告李鸿章。

本来，清王朝与朝鲜只具名义上的宗藩关系，实际上不过是历史遗留下来的，清王朝有保护朝鲜安全的义务，而朝鲜向清王朝"岁时进贡"而已。藩属国在内政和外交上享有独立主权，远非近代资本主义殖民地与宗主国的关系可比。清王朝处理与朝鲜、越南这类藩属国的交涉事务时，也统归礼部，而不是像处理蒙古、新疆事务那样归理藩院管辖。所谓宗藩关系，最主要的是当藩属国遇到内忧外患，乃至其国家安全受到威胁时，清政府才会给予援助，而这种援助，往往是在藩属国国王的请求下才会答应。历史上，在明代，中国就曾应朝鲜国王请求而出兵，与朝鲜军民共同抗击日本对朝鲜的侵略。这种在国防安全上的"同盟"，对双方都有利，只不过中国扮演了"盟主"的地位，朝鲜成为藩属。此次，为了维护这种宗藩关系，帮助朝鲜镇压国内人民起义，李鸿章轻信了日本驻天津领事荒川已次日本"必无他意"的保证，决定派兵入朝，并据1885年中日《天津会议专条》，照会日本政府，以"保护属邦旧例"为依据，出兵代朝鲜"戡乱"。

日本引诱清政府派军队援朝，实际上是为自己出兵朝鲜制造借口。明治维新以后，日本军国主义策划的侵略政策，是"南进"与"北进"双管齐下。"南进"，即占领中国的台湾，并以此为基地向东南亚扩张；"北进"即企图侵占朝鲜，把朝鲜作为侵入中国东北的桥梁，进而征服全中国。侵占台湾的图谋失败后，日本转而全力北进。朝鲜，其地理位置位于中、日、俄之间，靠近美国的阿拉斯加，处在大国的夹缝之中，战略地位十分重要，有"远东争衡的战略据点"之称。为抢占这个战略要地，日本处心积虑地寻找各种机会，制造各种借口，迫不及待地要兼并朝鲜，以达到侵占中国、霸占亚洲的目的。早在朝鲜东学道起义爆发之际，日本参谋次长川上操六即与日本右翼团体"玄洋社"头目平冈浩太郎密谋策划，派该社成员铃木天眼等人以"同情者"身份混入起义军中，制造混乱，为日本出兵制造借口。另一方面，日本竭力怂恿清政府派兵入朝镇压东学道起义。日本驻朝代理公使杉村濬向袁世凯表示，希望清政府出兵，帮助朝鲜平息内乱。李鸿章在确信日本对清朝出兵朝鲜没有恶意的情况下，下令出兵入朝。而对企盼已久的日本来讲，此时，机会终于来了。

蓄意挑衅　攻占汉城

1894年6月6日起，李鸿章派直隶提督叶志超、太原镇总兵聂士成率军2400多人，分批自塘沽乘船，经海路开往朝鲜牙山。这支军队除担负为朝鲜"平息叛乱"的任务外，对日本的战争蓄谋竟一无所知，毫无准备。北洋舰队丁汝昌派"济远"、"平远"、"扬威"在仁川近海巡逻护卫。刚刚被议会不信任案弄得狼狈不堪的伊藤博文，得知清军入朝，如同捞到救命稻草，立即开动战争机器，紧急征用邮船公司的轮船，以备向朝鲜运兵之用。日本内阁随即以"保护"使馆、侨民为名正式通过派兵入朝决议。此议迅速得到天皇的认可。6月5日，在参谋本部内设立大本营，参加者有参谋总长、参谋次长、陆军大臣、海军大臣、海军军令部部长等，大本营直属天皇，从而避开了议会的监督。天皇旋即下令，派一混成旅团前往朝鲜。同日，以保护驻朝公使大鸟圭介回任为名，派先遣部队近400人随大鸟乘"八重山"舰从日本横须贺军港出发驶向朝鲜仁川。随后，陆军少将大岛义昌指挥由4000人组成的混成旅团，从12日开始，陆续在朝鲜仁川登陆，至16日，日军已全部登陆完毕，在朝兵力远远超过入朝清军。早在6月7日，即大鸟圭介率先遣军前往朝鲜途中，日本撕下伪装，照会清政府，称日本"从未承认朝鲜为中国之属邦"。派驻中国代理公使小村寿太郎照会总理衙门，称"朝鲜现有重大变乱事件……帝国政府拟派兵若干，前往朝鲜"。在造成既成事实后，日本政府开始向清政府摊牌。

清政府获悉日本出兵朝鲜，极为震惊。李鸿章马上意识到这一事态的极端严重性，深切忧虑双方军队同时在朝，那么即有在朝开战之可能。本着避战的宗旨，总理衙门照会日本政府，据理驳斥日本派兵入朝的借口，建议中日双方同时从朝鲜撤军。此建议遭到日本断然拒绝，日本政府复照宣称："帝国派遣军队多寡，由帝国政府自行裁决，其进退行止，毫无受他人掣肘之理。"

其时，朝鲜国内局势已趋平稳。迫于清军入朝的压力,东学道起义军向朝鲜国王提出惩办贪官污吏和私通日本者、废除苛捐杂税、平分土地、解放妇女等、12条要求后,已于6月12日撤出全州。鉴于朝鲜形势已经缓和,清政府已准备让军队从牙山内撤回国。如果清军撤回,日本处心积虑挑起与清朝战争的图谋就将很难实现。为达到拖住在朝清军、寻机挑起战端的目的,日本又向清政府提出所谓"共同改革朝鲜内政"方案,其内容包括由两国各派委员调整朝鲜财政,裁汰冗员,设置警备兵力等等。此时,清政府看出日本意欲长期侵占朝鲜,挑起中日战争的端倪,李鸿章遂展开其自以为得计的那套"以夷制夷"的外交交涉,希望欧美各国出面调停,企图借列强来压迫日本,使其同意撤军。6月21日,总理衙门拒绝了日本提出的"共同改革朝鲜内政"之方案,22日,日本御前会议决定向中国发出绝交书,"断不能撤现驻朝鲜之兵",决定独立担当"改革朝鲜内政"的责任,并向朝鲜增兵。日本政府训令大鸟圭介,授权他采取一切手段,制造战争借口。至此,日本政府已撕掉了最后一层伪装,明火执仗地干起来了。

6月26日起,大鸟圭介连续向朝鲜明确提出包括政治、财政、法律、军事、警察、教育制度等内容的"改革"纲领,共计5条26项。7月10日,又提出"补充说明"数十条,规定日本有架设电线、修筑铁路等特权,并限期答复。7月16日,日本与英国成功签订了《通商航海条约》。列强中,尤以英国对日中争端态度最为模糊,鉴于英国在远东的实力存在,日本始终有所顾虑而不敢轻举妄动。此次日英达成协议，日本担心英国出面干涉的顾虑彻底打消了，便更加无所顾忌，放心大胆地发动战争了。

就在与英国订约次日，日本御前会议决定对华开战，制定了作战计划，天皇颁布诏令，恢复预备役海军中将桦山资纪的现役，任其为海军军令部部长。桦山资纪很快组成以伊东祐亨为司令长官的联合舰队，开往朝鲜西海岸巡弋，寻衅挑起战端。23日，大鸟圭介指挥日军攻入汉城朝鲜王宫，囚禁国王，威逼国王生父大院君李昰应出任摄政，建立傀儡政权，胁迫他宣布废除中朝之间一切条约，并"委托"大鸟圭介率日军驱逐驻守牙山的清军。明火执仗的日军，却非要假惺惺地为自己披上一件"接受朝鲜请求"而与清军开战的外衣，企图依靠这种拙劣的、掩耳盗铃式的手法蒙蔽世界的视听。日中之间，战云密布。

3 突然袭击　挑战丰岛

清朝光绪皇帝，眼见日军大举入朝，形势紧张，战争势难避免，即从6月下旬起，20天之内，3次谕令李鸿章筹备战守事宜。其时，李鸿章正忙于乞求列强调停，对光绪皇帝的备战诏令阳奉阴违，并不认真准备。7月中旬，朝鲜形势急转直下，战争大有一触即发之势。清政府中主战派弹劾李鸿章不致力备战，"因循玩误"、"敷衍了事"。光绪皇帝大为恼怒，下旨斥责李鸿章：如再顾虑不前，贻误战机，"定惟该大臣是问"。皇命难违,李鸿章才被迫匆忙布置兵力,急调卫汝贵盛军6000余人、马玉昆毅军2000余人、左宝贵奉军马步8营、丰升阿盛军6营,总兵力1.4万余人,从海道进抵鸭绿江口大东沟登陆,经陆路进驻平壤。重金雇用英国商船"爱仁"、"飞鲸"、"高升",运载天津练军两营共2500人,分批驶往牙山,增援先期到达的叶志超、聂士成部。李鸿章的如意算盘是中日尚未宣战,雇用英国商船运兵,谅日本不敢公然践踏国际公约而袭击悬挂英国国旗的商船。然而,随后的事实表明,这种一相情愿的想法,对于早已武装到牙齿的日本来讲是何等的天真幼稚。

清政府大规模地海上运兵,身为北洋舰队提督的丁汝昌感到肩上的责任,电请李鸿章,欲率北洋海军大队护送接应,但遭李鸿章复电否定,只得派济远、广乙、威远3舰护送满载陆军和战备物资的爱仁、飞鲸号前往朝鲜。北洋舰队的一举一动,早被潜伏在天津的日本间谍探知。7月25日凌晨,济远、广乙完成护航任务返回,驶至丰岛海面时,与前来偷袭的日本联合舰队吉野、秋津洲、浪速3舰遭遇。

丰岛,是牙山湾外群岛中的一个岛屿,地处牙山湾要冲,为进出牙山湾必经之路。7月25日7时,返航中的济远突然发现3艘日舰迎面扑来,即发出准备迎敌号令。7时45分,双方相距3000米时,日舰吉野首先开炮射击,从而拉开了丰岛海战的序幕。日舰装有速射炮,火力猛烈。济远等舰只有旧式后膛炮而无速射炮,在装备火力上明显处于劣势。但济远舰管带方伯谦、帮带大副都司沈寿昌、枪炮二副柯建章、水师学堂见习生黄承勋等率士兵拼死搏战，奋勇发炮还击。由于日舰炮火猛烈，鏖战不久，沈寿昌被弹片击中头部，壮烈牺牲。柯建章毫不犹豫，登上望台接替指挥。瞬间，日舰一炮击中济远舰前炮台，弹片洞穿柯建章胸部，当即阵亡。黄承勋义愤填膺，飞身跃上望台，召集众炮手瞄准、射击，猛轰敌舰。不料，一枚炮弹在他身边爆炸，黄承勋半截胳膊被炸飞，当即倒地不起，仍对抢救他的水兵高呼："我不行了，你们各就各位，赶快杀敌，不要管我！"因流血过多，黄承勋阵亡，年仅21岁。至此，济远3位将官壮烈殉国。广乙舰开战不久，即被日舰击中舰身多处，难以再战，将士伤亡70余人，遂先行驶离战场，后触礁搁浅。管带林国祥焚舰登岸，后转搭英舰回国。途经仁川时，林国祥等向日本人具结，表示"永不与闻兵事"后方被放行，狼狈逃回国内。济远受敌舰围攻，经激烈炮战，官兵死伤达60余人，舰身多处负伤确难再战，遂向西突围而走。吉野、浪速全力追赶。方伯谦命升起白旗及日本海军旗，全速驶离战场。

恰在此时，追击济远的吉野等舰，发现悬挂英国国旗的运输船高升号及操江号驶至战场。高升号上载有千余清军士兵，操江舰则装有大炮、弹药及饷银。日舰遂即以秋津洲拦截操江号，吉野则狂追济远。不久，操江号挂出白旗投降，舰上20万两饷银、20门大炮、3000支步枪及大量弹药全部落入敌手。吉野由于速度快，追击中渐渐迫近济远，并连连发炮轰击。危急时刻,济远舰突然停止发炮,全舰沉寂无声。吉野以为济远舰已投降,于是停止炮击,放心大胆逼进,以期俘虏济远。突然,只见济远舰舰尾白烟突起,宛如一簇白云,一发炮弹脱膛而出,在空中尖厉呼啸,直奔吉野。由于距离太近,吉野毫无防备,指挥台中炮。接着舰首、舰身连连中炮,舰首立时下俯。吉野受伤,日舰指挥官大惊,不敢追击,匆忙下令掉头逃走。济远舰得以驶离战场。此时,原作战海域,日舰浪速拦住运兵船高升号,逼令投降。高升号上1100多清军士兵,在仁字军营务处帮办高善继带领下,面对日酋的死亡威胁,宁死不屈。高善继高声激励将士:"我辈自请杀敌而来,岂可贪生畏死?今日之事,有死而已!"高帮办这种大无畏的爱国精神,极大地鼓舞了全舰将士的士气,稳定了军心。日舰挂出信号,令高升号"立刻斩断绳缆,或者起锚,随我前进"。高善继拔刀冲向洋人船长高惠梯,大喝"敢有降日本者,当污我刀"。全体将士皆表示"宁愿死,决不服从日本人的命令!"清军官兵还扣押了意欲投降的洋船长。浪速舰舰长东乡平八郎见逼降不成,遂下毒手。下午1时,浪速突然排炮猛轰高升号。因高升号原系英国商船,没有防护装甲和大炮,在日舰猛烈炮火下,犹如靶船一般,船身迅速起火,急剧下沉。船上将士大义凛然,视死如归,齐声呐喊杀贼。士兵们在高善继的指挥下,沉着镇定,用步枪奋勇射击,直到全船沉没。残暴的日军竟用快炮射杀落水清军达"一时之久"。除200余人获救外,871名爱国清军官兵壮烈牺牲,高善继也英勇献身。广大爱国官兵,用鲜血和生命谱写了一曲爱国抗暴的颂歌。

4 激战成欢驿

按照日本大本营的安排,对清军偷袭是水陆并进、双管齐下。与丰岛海面激战同时,混成旅团长大岛义昌率日军从汉城南下,直扑驻防牙山的清军。驻守牙山的4000名清兵在叶志超、聂士成统领下,分兵把守要地。聂士成自请率2000余名士兵移防成欢驿,叶志超率部守公州为后援。

成欢驿位于朝鲜忠清道平泽县东南,稷山县西北,是汉城至全州的必经之地。成欢驿东西高山丘陵环绕。东有月峰山,西有银杏亭、牛歇里高地,地势险要,易守难攻。聂士成将士兵布置在左、右两翼,左翼以牛歇里高地为主,右翼依成欢驿东面之月峰山修筑防御工事。7月25日,闻知日军向成欢驿扑来,聂士成慷慨誓师,激励将士英勇杀敌。果然,7月25日夜,日军约4000人,兵分两路,偷袭成欢驿。由武田秀山中佐率领的4个步兵中队、1个工兵中队担任右翼进攻。夜3时许,担任偷袭任务的日军悄悄渡过安城渡,到达佳龙里。因夜色昏暗,伸手不见五指,加上道路崎岖泥泞,前锋士兵迷路,闯入村内,打算抓人问路。此刻,日军的一举一动,早被预先埋伏的清军看得真真切切,眼见日军进入伏击圈,武备学生周宪章、于光炘等率士兵20余人,突然从道路两侧民房内向日军猛烈射击。日军猝不及防，黑夜中又不辨方向，搞不清清军的人数及位置，只好一面胡乱射击，一面匆忙后退，至全部匍匐于水田之中，狼狈不堪。接应梯队的日军听到前方激战，急于救援，时受伤的山田四郎中尉率3个分队向前急奔，因地形不熟，黑夜之中前冲心切，有29人误冲入沼泽之中，全部淹死。中队长松崎直臣大尉为摆脱不利处境，只好下令日军冲锋。清军骑兵出现在佳龙里村边，并射出密集枪弹，松崎被枪弹击中头部，当场毙命。日军大惊，全队仓皇逃走，拥上狭窄的安城渡桥，踩伤、溺死多人。就在前队日军行将瓦解之际，武田率大队赶到，再次向清军发起冲锋，战斗异常激烈。可惜清军伏兵少，骑兵因沼泽、水田地形不利展开而后撤。步兵也只有20多人，又无后队支援，终于不支，周宪章等20余人全部壮烈牺牲。凌晨4时，日军终于攻占佳龙里。此战，清军伏击打得漂亮，将士英勇善战，不畏牺牲，表现出强烈的爱国精神，重挫日军锐气。只是由于缺乏强有力的统一指挥，布防人数过少，后援不继，伏击战先胜后败，极为可惜。

就在右翼日军得手之时，大岛义昌率9个步兵中队、1个炮兵大队和1个骑兵中队，对月峰山清军发起进攻。由于在兵力、火力上清军处于明显劣势，交战不到2个小时，第一、二营垒即被攻破，仅余三、四营垒。面对日军8门野炮的密集炮火，聂士成临危不惧，指挥若定，清军士兵无不以一当十，奋勇杀敌。后因弹药用尽，后援不继，三、四营垒也被日军占领。

激战至早晨7时30分，成欢驿左、右两翼布防阵地均告失守，清军伤亡很大。余部被迫退守成欢驿街道，遂被日军四面包围，不得已，聂士成率部突围，退往公州。镇守公州的叶志超却贪生怕死，拒不救援，反以敌众我寡、公州难以再守为由，竟自率部沿朝鲜东海岸经清州、兴塘渡汉江、大同江退往平壤。聂士成无奈，只好随叶志超北走，沿路收集残部，历时月余，行程1000余里，终于回到平壤。成欢驿之战，是中日陆军在朝鲜的一次小规模交锋，以清军战败，丢掉牙山、成欢驿，损失8门大炮及大批大米、弹药等军需物资，败回平壤而告结束。日军仅死37人，伤50人，而清军却有200余人伤亡。这是清军继丰岛海战的又一次失败。此二战，极大地挫伤了清军士气，也极大地刺激了侵略者的野心。日军完全切断了中国与朝鲜西海岸的海上通道，为进攻朝鲜解除了后顾之忧。陆奥宗光趾高气扬地宣称：牙山胜利的结果，使得"从前那些应否以强硬手段迫使朝鲜改革，以及高谈我军先攻中国军队的得失等议论，已被全国城乡到处飘扬的太阳旗和庆祝帝国胜利的沸腾的欢呼声所淹没"。通过发动对华战争，日本政府不仅避免了垮台的结局，而且初步尝到了战争带来的好处。

三 中日宣战 清军奋起痛击日寇

鉴于日本政府悍然发动侵华战争,在丰岛海域袭击清军舰队于前,在朝鲜成欢驿进攻清朝驻军于后,和平解决中日争端已不可能。1894年7月30日,总理衙门就日本挑起战争的种种行径照会各国驻华公使,指出日本公然践踏国际公约,"击沉挂英旗英国高升轮船一只。此则衅由彼启,公论难容",中国"再难曲为迁就"。同时,清政府撤回驻日使领馆。31日,责令日本驻华临时代理公使小村寿太郎回国,"此后与彼无可商之事"。8月1日,清政府正式下诏宣战。诏书历数日本蓄意发动侵略战争的种种事实,指出:日本先是"无故派兵,突入汉城,嗣又增兵万余,迫令朝鲜更改国政,种种要挟,难以理喻"。倭船"乘我不备,在牙山口外海面,开炮轰击,伤我运船"。种种肇衅,"无理已极,势难再予姑容"。命李鸿章"严饬派出各军,迅速进剿",遇有日军挑衅,"即行迎头痛击,悉数歼除"。同一天,日本明治天皇下诏对中国宣战。诏书极尽颠倒黑白、贼喊捉贼之能事,为混淆视听,欺骗世界舆论，把出兵朝鲜美化为欲使"朝鲜永免祸乱"，"内坚治安之基，外全独立国之权义"。明明是在丰岛偷袭清军船舰，却反过来倒打一耙，称"清军要击我舰于黄海，狂妄至极"，企图把发动战争的责任强加给中国，真可谓厚颜无耻之极。中日宣战，标志着中日甲午之战正式爆发。

1. 平壤保卫战

早在7月下旬，日本为强化战时体制，吸收枢密院议长、内阁首相、外相列席大本营会议，以求达到一致对外。为了取得这场蓄谋已久的战争的胜利，日本大本营精心制定了作战计划，明确指出作战的目的，是最后在直隶平原与清军主力进行决战，击败清军，迫使清政府投降。大本营还认为，日中海军的交锋将对整个作战计划起决定作用，特制定两个阶段的作战方案。第一阶段，由第五师团出击朝鲜，牵制清军，留在国内的陆军则随时做好增援的准备；联合舰队在黄海或渤海寻找战机与北洋舰队主力决战，力争夺取制海权。第二阶段，根据海战结果，考虑三种选择：甲案，如果海战胜利并取得制海权，即运送陆军主力于渤海湾登陆，进入直隶平原与清军主力决战；乙案，如海战虽胜但并未取得制海权，即再派陆军赴朝，驱逐在朝清军，扶植朝鲜"独立"；丙案，如海战失败，则坚守在朝既有地盘，以图时局变化。这是一个侵朝侵华并重的战争方案，核心是首先击垮北洋舰队，取得制海权。宣战后，鉴于何时与北洋舰队主力交战难以确定，大本营遂将计划稍作调整，以陆军对朝鲜、海军对中国同时下手。8月14日，大本营决定将第五师团后援部队及第三师团全部投入朝鲜战场，合编为第一军。任命枢密院议长山县有朋为军长，星夜启程，率军前往朝鲜的釜山、元山、仁川集结。次日，在日本国内颁布《军事公债条例》，强征民众献金7600万日元，为发动战争作物质准备。9月8日，山县有朋率第三师团长桂太郎中将、军参谋长小川又次少将在联合舰队的护卫下到达仁川，以统一指挥在朝日军。甫抵仁川，山县有朋即指挥日军全线展开，分进合击，包围平壤。

　　清政府的宣战，不如说是"被迫应战"更为确切。面对日军大规模的军事调动及部署，面对光绪皇帝的切责，李鸿章意识到问题的严重性，匆忙调集军队，分南北两路入朝，支援在朝清军。南路2500人，经海路增援牙山；北路水陆并进，跨过鸭绿江集中于平壤。此次入朝，调动卫汝贵的盛字军、马玉昆的毅字军、左宝贵的奉军和丰升阿的奉天、吉林的练军，总计约1.4万人，8月下旬到达平壤。此时，成欢驿兵败逃至此地的叶志超却颠倒黑白，虚报战功，将千里逃跑上报为屡战屡胜。李鸿章不辨真伪，上奏皇帝。8月25日，上谕叶志超总领平壤各军，并对他与日军交战接连获胜而传旨嘉奖，发军士饷银2万两。平壤阵前诸将，本对叶志超丑行一清二楚，闻听清廷任命这等败将督军，说谎者反而受奖，"一军皆惊"。将帅之间矛盾激化，造成临战将帅不睦。叶志超却得意忘形，并不认真筹备战守，日日摆酒设宴，夸官炫耀。平壤之役未开，而败局已定。

在日本宣战之后的9月8日，大本营由东京迁入广岛，以就近指挥。天皇也到达广岛，亲自坐镇。日军1.6万人，按照山县有朋的指挥分4路扑向平壤，前锋大岛混成旅团已于12日进抵平壤外围并发起佯攻。14日，日军后续部队完成了对平壤的包围。

平壤，北依崇山，东、西、南三面有大同江环绕，城墙高达10米，玄武门外牡丹台为全城制高点，地势极为险要。任清军驻平壤各路总指挥的叶志超，日日"置酒高会"，醉生梦死。一听日军来犯，慌了手脚，急忙召集众将，以"我军弹药不济，地势不熟"为由，提出撤出平壤，其实就是又要弃城逃跑。左宝贵挺身而出，坚决反对临阵脱逃，力主抗敌，称：舍身报国，在此一举。叶志超见左宝贵反对甚为激烈，又顾虑朝廷严词切逼，不敢贸然违抗，才匆忙布置防守，制定了一个死守平壤城的作战计划。令马玉昆守城南、大同江东岸，卫汝贵守城西、西南，左宝贵、丰升阿、江自康守城北，自己躲在城中，号称"居中策应"。

15日凌晨，围城日军发起总攻。马玉昆驻守的大同江东岸船桥里阵地遭大岛义昌部猛烈进攻。马玉昆，字景山，安徽蒙城人。出身贫寒，性格坚毅沉稳，胆识过人。1864年投宋庆之毅军，积功至副将，以总兵记名。曾出嘉峪关与左宗棠共抗阿古柏及沙俄的侵略，以"勇略冠诸将"。后调至北洋，驻防旅顺。此次入朝，面对强敌，马玉昆沉着冷静，指挥士兵奋勇杀敌。

战场上枪炮声震天动地，日军伤亡惨重，连预备队也投入战斗。激战中，日军一度突入清军阵地，而清军士兵无一后退，双方展开白刃格斗，日军伤亡过多，狼狈逃走。稍停，日军又发起新的冲锋，双方多次展开肉搏战。鏖战多时，卫汝贵亲率盛军过江助战，清军士气大振，人人奋勇，个个争先。在马玉昆指挥下，清军官兵跃出堡垒，向日军发起反冲锋，炮兵也越打越猛。日军自凌晨战至中午，水米未进，饥饿疲惫，弹药用尽，旅团长大岛义昌、联队长西岛助义等指挥官均被击伤，自"将校以下死者约一百四十名，伤者约二百九十名"，第21联队中各大队长非死即伤。第2、4、10中队除一名少尉外，所有军官也非死即伤。战至午后1时许，大岛义昌见实在难以支撑，下令撤退，日军将来不及运走的尸体草草掩埋，匆忙逃离战场。船桥里一战，清军重创日军，获得大胜。这是清军在朝鲜战场上取得的唯一一次较重大的胜利。此战后，日军对马玉昆及其部下闻之丧胆。在船桥里歼敌的同时，驻守城西的卫汝贵，除率兵支援马玉昆外，也顽强挡住了野津道贯率领的第五师团主力的进攻，战事呈相持状态。

城北战场，是平壤保卫战的主要战场。城北玄武门之牡丹台，巍然屹立于平壤城北角，据全城形胜，是全城制高点，可谓天设险堑。另有4座堡垒拱卫，"垒壁高五丈，炮座完备，掩蔽坚固"。若此地一失，平壤全城必然告急。日军也看到了牡丹台的重要，投入进攻的朔宁支队和元山支队，总计7000余人，约占日军进攻平壤总兵力的一半。15日凌晨4时30分,日军先以猛烈的炮火,向玄武门外牡丹台的清军堡垒发起炮击,继而又以步兵轮番发起冲锋。镇守此地的清军将领左宝贵,亲自登城指挥,激励清军奋勇杀敌。左宝贵,字冠廷,山东费县人,1856年加入清军,因作战勇敢、屡立战功而多次被提升,赏戴双眼花翎、穿黄马褂,头品顶戴,赐"建威将军",驻防奉天。左氏治军严整,部下战斗力极强。此次战前,左宝贵当众怒斥主帅叶志超贪生怕死、急于逃跑的丑恶行径,发誓与平壤城共存亡,并派兵日夜看守叶志超,防备其逃跑。战场上,他高声呐喊,鼓励士兵"进则定有异常之赏,退则加以不测之罚,我身当前,尔等继之"。将士感奋,全力死战。日军几次冲锋都被击退,伤亡惨重。战斗之激烈程度空前,"四处如天崩地塌,满空似落雁飞蝗,日月无光,山川改色,鸟望烟而遁迹,兽闻响而潜踪"。双方兵士"互相混战,草木皆红"。

日军见清军拼命,一时难以得手,遂改变策略,集中炮火猛轰清军堡垒。至晨8时,清军城外4座堡垒均被日军炮火摧毁。日军元山、朔宁两支队会合后,分东、北、西三面包围牡丹台并发动总攻,全力与清军争夺这个平壤城的制高点。左宝贵见日军进攻凶猛,命令用速射炮平射,横扫日军,大量杀伤敌人。激战多时,日军集中炮火,猛攻牡丹台,炮弹如飞蝗一般,击破牡丹台胸垒。日军施放榴霰弹威力极大,将清军速射炮全部击毁,步兵随即冲上牡丹台,清军几经白刃拼杀，终于不支，退入玄武门，牡丹台遂告失守。

　　坐镇玄武门指挥的左宝贵，眼见情况危急，几次派人前往叶志超处请求发兵增援，均遭拒绝，遂亲自前往叶营求援，百般陈述利害。叶氏顾及自身安全仍拒绝发兵增援。左宝贵愤然离去，返回激战中的玄武门。他抱定必死的决心，换上黄马褂，头戴珊瑚冠，岿然立于城头，指挥杀敌。操炮士兵中弹身亡后，左宝贵亲手点燃大炮，连发36弹，炮弹连连在敌阵营中爆炸。日军指挥官惊呼"凡能击中头戴红顶翎者，万金赏"。激战中，先是一发炮弹在左宝贵身边爆炸，弹片击中胸部，而他继续带伤操炮不止。随后不久，其面部、左胸相继中弹，血染征袍，但他仍巍然挺立大声指挥士卒还击，直至被抬下城后"始殒"。主帅阵亡，属下3个营官也非死即伤，指挥失灵，但数百士兵毫不退却，英勇不屈，奋勇发射枪铳。嗣后日军炮火将城楼摧毁，仅剩4根柱子。清军无险可据，与登城日军拼死搏杀后，退入城内。日军乘机攻占玄武门。左宝贵是甲午战争中清军高级将领战死沙场、为国捐躯的第一人。消息传到国内，朝野震惊。光绪皇帝也亲作御制祭文，对左宝贵之死表示痛悼。朝廷谕令从优抚恤，加恩入昭忠祠，赠太子少保衔，其战绩及死事情形，宣付国史馆立传。左宝贵的英雄行为，极大地激发了朝鲜民众的爱国热情，平壤百姓至今仍传颂着这位白马将军的故事。

　　随着左宝贵战死，牡丹台、玄武门的相继失守，平壤保卫战进入异常艰难的时刻。由于马玉昆、卫汝贵挡住了日军对平壤西南方面的进攻,且激战一日,日军死伤近 700 人,伤亡人数远多于清军,弹药、粮食已经用尽,因在城外,冒雨露宿,处境极为艰难。如果叶志超能妥为筹划,战事尚有一搏。此时惊恐万状的叶志超,早已方寸大乱,心中只盘算着如何逃命。因此他一面命令仍坚持战斗的马玉昆、卫汝贵率部火速撤退,一面于下午 4 时,在七星门上挂起白旗,派一朝鲜人持停战书送至日军兵营,并在未与众将商议的情况下,以统帅身份下令弃城逃走。

这天深夜,电闪雷鸣,大雨倾盆而下。清军从各门涌出,有的从城墙攀援绳索而下,由于指挥不利,命令传达不通,突围清军群龙无首,全无队形,四散拥挤而逃。加之道路狭窄,泥泞不堪,乱成一团,仓皇沿义州大道北逃。日军预计清军会趁雨夜突围,早已设下埋伏,半路突然冲出,截杀清军。混战中,清军全无抵抗能力,前面的士兵遇日军排炮轰击,只得掉头回跑,后面的军队不知底细,舍命前冲,黑夜之间,不分敌我,竟致互相残杀。既遭敌炮,又中己枪,自相践踏,哀号之声震动四野。军士们有的投水自尽,有的拔刀自刎,有的头碰石碑,更有的自缢树枝,遍地死尸,血水和着雨水,将山川草木染红。仅箕子陵二三百步之间,清军尸体山积,堵塞道路。50 步内,伏尸竟达 120 人,马 30 匹,相互枕藉,惨不忍睹。仅这一夜奔逃,清军有 2000 余人被击毙,680 余人被俘。日军以征服者架势进入空无一兵的平壤城,将清军遗弃的 35 门大炮、1000 余支步枪、数十万发子弹、1000

余顶帐篷及粮草、马匹、金银等物,全部收缴。平壤保卫战,以清军惨败而告结束。

平壤之战,是甲午战争期间中日陆军的一次大规模战斗。清军死、伤、失踪2000余人,被日军俘虏700余人,损失大量武器弹药,并退出朝鲜。日军以死180余人、伤500余人、失踪10余人的较小代价,竟取得如此显赫战果。其实,日军发动平壤战役带有极大的冒险性,首要的是粮草、弹药极为缺乏,由于战线过长,运输补给十分困难,每个士兵仅有一小盒弹药和两天的干粮,军官也只能每天喝一碗稀饭。清军占据平壤,地势险要,工事坚固,粮饷弹药充足,只要坚守2~3日后,日军即会不战自退。日军指挥官也不得不承认,在这种情况下根本无法久战,倘清军勉力坚守几日,胜败形势很难预料。日军在供给如此困难情况下,仍大败清军,实属侥幸。在清军方面,由于众将对叶志超不服,大敌当前之平壤前线,形成"有将无帅"的局面。危急时刻,叶志超不仅不派兵增援策应,反而下令弃城逃走,将平壤拱手让与日军。叶氏狂奔500余里,渡过鸭绿江,逃入中国境内。这样一个贪生怕死之人,却又故伎重演,向朝廷虚报战功,诿过他人,矫饰败绩。李鸿章从中包庇,叶志超竟博得"力疾督战"的美名。皇帝下旨,对叶志超"深入异地,苦战连日"极为嘉许,称"此次退出平壤,实因众寡不敌,伤亡甚多,尚无畏葸情事","加恩免其议处"。叶氏躲过惩罚。昏庸的朝廷反以"临敌退缩"、"克扣军饷"等罪名将平壤保卫战有功之将卫汝贵处死。如此奖罚不公，可见清军大败亦在情理之中。

黄海大海战

日本大本营为了实施海上作战计划，寻机与北洋舰队主力会战于黄海或渤海，派间谍加强了在华刺探活动。9月7日，面对各路日军对平壤的进逼，叶志超屡电李鸿章，要求增派援军，驻防平壤后路。李鸿章急调驻金州的刘盛休率铭军8营约4000人赴朝，并电告丁汝昌率北洋大队护航。9月中，日本政府得知北洋舰队护送陆军8营增援在朝清军，即电告大本营。日本海军立即出动偷袭。一场海上恶战迫在眉睫了。

9月16日，海军提督丁汝昌率北洋舰队大小舰艇18艘，护送陆军8营约4000人至朝鲜大东沟，增援驻朝清军。18日晨，士兵平安登陆。上午11时30分，舰队官兵正准备开午饭，以便饭后起锚，返回旅顺基地。突然，瞭望哨发现西南海面上黑烟簇簇，知是大队日舰驶来，丁汝昌立即传令升旗，令各舰点火起锚备战。中日海军主力的一场决战，已箭在弦上。

此时，北洋舰队有主力铁甲舰定远、镇远2艘，巡洋舰靖远、致远、经远、来远、济远、平远、超勇、扬威、广甲、广丙10艘，另有炮舰镇南、镇中2艘，鱼雷艇4艘，计有大小火炮约190门，鱼雷发射管27个，总排水量3.1万余吨，总兵力2000余人，平均时速15.5海里。前来偷袭的日本舰队计有旗舰松岛及千代田、严岛、桥立、比叡、扶桑、赤城、西京丸8艘，第一游击队吉野、高千穗、秋津洲、浪速4舰，共12艘，总排水量达4万吨，平均时速17.1海里，有火炮及速射炮246门，机炮29门，鱼雷发射管37个，总兵力约3500人。相比之下，日舰总吨位重、机动性强、航速快，更有新式速射炮，火力大大优于北洋舰队。然而，北洋舰队官兵求战热望已久，各舰接到旗舰定远排成"犄角鱼贯阵"迎敌的号令后，竞相拔锚起航，超勇、扬威由于舰龄老化，起锚费时而落后，但仍开足马力，奋力追上大队。此时，北洋舰队"旗帜飘舞，黑烟蜿蜒"，威风凛凛，直捣敌舰。

中午12时许，日舰采鱼贯式单纵阵逼来，第一游击队4舰冲击北洋舰队的"犄角鱼贯阵"。丁汝昌和右翼总兵刘步蟾等在定远号飞桥上指挥，见敌舰摆阵迎面扑来，为发挥北洋舰队舰首巨炮的威力，决定变阵为"犄角雁行阵"，以定远、镇远两艘铁甲舰居中，冲击敌舰。12时20分，变阵令旗挂出。由于临时变阵，随后各舰跟进不及，至开战时，北洋舰队呈"人"字形冲入敌阵。

面对变换阵形迎面扑来的北洋舰队，日舰队司令伊东祐亨也不由得心生恐惧，下令准许士兵"随意抽烟，以安定心神"，借以消除士兵恐惧心理。日军官兵"畏定、镇二船甚于虎豹"，今见其威风凛凛，居中冲阵而来，伊东忙令第一游击队各舰避开定远、镇远，直扑北洋舰队右翼弱小的超勇、扬威二舰，企图先集中火力，使用快炮击沉此二舰，以挫伤北洋舰队士气。

12时50分,双方相距约5300米时,定远首先开炮,北洋各舰随即发起炮击。5分钟后,日舰也发炮还击。刹那间,黄海海面,海水沸腾,炮声隆隆,硝烟弥漫,一场惊心动魄的海上鏖战打响了。

交战伊始,定远号桅楼即被击毁,信号无法发出。丁汝昌当时正在飞桥上指挥,也"抛堕舰面",身受重伤,但他不肯进舱息养,裹伤后仍坐在甲板之上,以振军心。这位丁公富有爱国之心,坚决主张抗击日寇,常思尽忠报国。此次负伤后,其部下定远管带、总兵刘步蟾毅然"代为督战,指挥进退"。海战开始不久,北洋舰队即闯入敌阵,将日舰本队拦腰截为两段。定远舰发炮命中日舰松岛号,毙伤炮手多名。日舰比叡号因航速较慢,遭定远与靖远夹攻,舰身多处中炮,无力再战,急忙转舵奔逃。逃跑中慌不择路,竟冒险从定远与靖远中间穿过,企图走捷径逃归本队,不料,遭定远与靖远夹攻,甲板中弹,燃起大火,多名官兵当场毙命。靖远管带随即下令停止炮击,在甲板上摆满持步枪的突击队员,并靠近比叡号,欲将其俘虏。比叡号眼看即将被擒,水兵们操纵尚可使用的速射炮拼命施放,5分钟内竟发射炮弹1500多发,才使靖远无法靠近。不久,在勉强逃出包围之际,被定远30.5厘米巨炮命中,甲板被全部击毁,全舰瞬间被大火吞没,日军官兵20余名当场丧命。比叡慌忙挂出"本舰火灾退出战列"的信号,仓皇向南逃离战场。定远诸舰随即转攻日舰赤城号,赤城因属一炮舰,不仅舰速慢,火力也弱,根本无力抵挡定远巨炮的轰击。战至1

时20分，赤城号舰长海军少佐坂元八郎太被炮弹击毙，舰上死伤28人，大樯亦被轰倒。代理舰长佐藤铁太郎不顾一切，全速指挥逃跑。追击而至的北洋舰队来远号发炮连连击中，日舰赤城号舰桥被摧毁，佐藤也被击伤。下午2时30分，赤城号狼狈逃离作战海域。

　　北洋舰队中扬威、超勇是最弱之舰，属木质包铁的旧式兵船，舰龄老化，开战伊始，就遭到迂回过来的日舰第一游击队的冲击。日舰第一游击队全部炮火猛烈轰击扬威、超勇，两舰纷纷中弹，但官兵们不畏牺牲，拼死发炮还击。不久，超勇号中炮，霎时，黑烟遮蔽全舰，右舷倾斜，逐渐沉没。管带黄建勋落水后，拒绝属下救援，沉海牺牲。扬威舰受重创，官兵们仍在管带林履中带领下，顽强抵抗，奋勇发炮，直到各炮均毁，无法再战，只得驶离战场，后触礁搁浅。林履中愤然投海自尽，至下午2时30分，双方交战第一阶段结束，北洋舰队超勇舰沉没而扬威舰损坏，日舰比叡、赤城亦遭重创，逃离战场。双方大致战成平手。

　　日舰队指挥官伊东祐亨见一时难以取胜，遂改变策略，挂出变阵旗号，企图依靠第一游击队各舰速度快的特点绕到北洋舰队侧后，夹攻北洋舰队。第一游击队指挥官坪井航三少将对本队旗舰松岛发出意思模糊的"第一游击队回航"信号不甚明了，率4舰驶回北洋舰队正面，以右舷炮火轰击北洋各舰。伊东见第一游击队驶回，只好率本队各舰右转以绕到北洋舰队后面进攻，以期造成前后夹击之态势。这时，日舰本队各舰侧舷完全暴露在定远、镇远前方，二舰趁机集中全部火力,猛烈发炮。日舰西京丸中炮,气压计、航海表、测量仪器被击毁,蒸汽轮机受损,不能使用,舰体进水,只得靠人力舵勉强航行,并发出"我舰故障"信号,全力逃跑。北洋舰队的福龙鱼雷艇,迅速逼进该舰,欲击沉之。相距约400米,福龙连发鱼雷,直射西京丸。坐镇西京丸指挥的日本桦山资纪中将,见状大惊,高呼"我事毕矣!"其他官兵也只得目视鱼雷直扑而来,全舰鸦雀无声,只待最后时刻。不料,因福龙击沉西京丸心情太切,进逼过甚,两舰相距太近,鱼雷竟从西京丸舰下深水中穿过而未触炸。西京丸大难不死,仓皇逃离战区。不多时,随着日舰变阵完成,北洋各舰前后受敌,首尾不能相顾,形势陡然严峻。旗舰定远信号装置被毁,导致舰队指挥失灵,各舰只好各自为战,战至下午3时许,定远中炮,燃起大火,士兵忙于救火,攻击力大减。日第一游击队各舰乘机全力猛攻,企图击沉定远。危急之际,镇远舰管带林泰曾率舰赶来营救。林泰曾,字凯仕,福建侯官人。福州船政学堂驾驶班一期毕业生。后赴英国学习海军。回国后,累官升至镇远管带、左翼总兵,后赏加提督衔。中日开战后,林泰曾就提出主动进攻,与日舰决战于海上。他治军严明,"待下仁恕",此次海战前,即令卸除舰上救生舢板,以示"舰存人存,舰亡人亡"的决心。激战中,指挥镇远与定远密切配合,不断高声激励士卒:"时至矣!吾将以死报国,愿从者从,不愿从者吾弗强也。"士兵感奋,虽死伤枕藉,仍拼命搏战。在痛击敌舰之时,仍时刻注意保护定远号,不稍退却,日舰避之犹恐不及。定远为北洋旗舰,它的存亡关系北洋舰队全局胜败,除镇远舰外,其余各舰也十分注意保护旗舰。致远管带邓世昌率舰开足机轮,冲到定远之前,迎受敌炮,使定远得以扑灭舰上大火,转危为安。致远舰遭受日舰第一游击队4舰的速射炮猛攻,舰身重伤。

邓世昌,字正卿,广东番禺人。曾入福州船政学堂驾驶班学习,毕业后,充任福建水师炮舰管带。后调入北洋舰队,任致远舰管带,以副将补用,加总兵衔。邓世昌精于驾驶,严于训练,关心士兵疾苦。"在军激扬风义,甄拔士卒,有古烈士风",以"忠勇"冠诸军。丰岛海战后,邓世昌"愤欲进兵",常说"人谁不死,但愿死得其所耳!"经常告诫部下"设有不测,誓与日舰同沉!"海战中,激励将士,"吾辈从军卫国,早置生死于度外,今日之事,有死而已!"表现出与敌酋决一死战的英雄气概。面对敌舰围攻,邓世昌镇定自若,指挥士兵拼死搏战。激战多时,眼见弹药用尽,致远舰中弹屡屡,邓世昌对大副高呼:"倭舰专恃吉野,击沉是船,则我军可以集事!"大副陈金揆深受感动,遂开足马力,直扑向前,准备撞沉吉野,同归于尽。正在围攻致远的日舰第一游击队,忽见致远突然鼓轮冲出,舰身挟着浓烟烈火,宛如一条狂怒的火龙,直奔吉野扑来。吉野舰集中所有炮火,全力轰击,致远虽连连中炮,燃起浓烟大火,但毫不退却,仍旧沿海面疾扑而来。在吉野舰上督战的日本常备舰队司令、海军少将坪井航三,意识到致远舰冒烟挟火,迎头撞来，是要同归于尽，急令转舵躲避，并连发鱼雷。追击中，致远舰不幸被日舰鱼雷击中要害部位，锅炉炸裂，舰身随即倾覆，很快沉没。邓世昌落水后，拒绝亲兵递过的救生圈。爱犬游过来，衔住他的手臂，被推开，又衔住他的头发，邓公以手将爱犬猛力摁入水中，自己也随之沉入海中。全舰官兵250余人除少数获救外，大部壮烈牺牲。邓世昌牺牲时，年仅45岁。清廷为褒扬邓世昌勋绩，赐"壮节"谥号，追封"太子少保"。赏给邓母匾额一方，以示旌奖。

　　致远舰转瞬之间即爆炸沉没，济远舰管带方伯谦立即传令挂出了"本舰已负重伤"的旗号，快速向西驶去。本来，开战后，济远官兵奋力拼战，虽自身多次中炮受伤，死伤官员10余人，但也屡屡发炮击中日舰。然而方伯谦胆怯畏敌，面对日舰本队与第一游击队的两面夹攻，遂强令转舵西驰，脱离战场。尽管济远此举吸引日舰第一游击队尾追西去，减轻了主战场上定远、镇远等舰的压力，使二舰得以专力对付日舰本队各舰，但是，济远的西去也带来了很大负面影响，使广甲舰管带吴敬荣也匆忙跟随而去，因慌不择路，在大连湾三山岛外触礁搁浅，吴敬荣纵火登岸逃归。两天后，广甲被日舰击沉。次日凌晨2时，方伯谦率济远舰单独返回旅顺。此后，丁汝昌以方伯谦临阵脱逃、败坏军纪为由，奏请军前正法。9月23日，军机处电寄李鸿章谕旨：方伯谦军前正法，吴敬荣革职留任。次日，方伯谦在旅顺处斩。

　　致远被击沉后，日舰第一游击队一度追击避走的济远、广甲二舰，因相距过远，追之不及而作罢，转而绕攻经远。面对4艘日舰围攻，经远管带林永升指挥士卒，全力迎战，虽以一挡四，毫不畏惧。这位林公，字钟卿，福建侯官人，曾考入福州船政学堂学习驾驶。后与刘步蟾等6人赴英国学习海军，因学习优等，颇得西方教官赏识。归国后任中军右营副将，统率经远舰。林永升为人和善，体恤士卒，士兵愿为之用。战前，时常"以大义晓谕部下员弁士兵，闻者咸为感动"。此刻，面临敌舰猛烈环攻，舰身多处中弹，燃起大火。军士们在林永升指挥下，发炮击敌，泼水灭火，慨然赴死，全无惧色。林永升命将龙旗升上桅顶，以示决一死战之决心。激战中，林永升突然发现一艘敌舰中弹受伤，急令"鼓轮追之，欲击使沉"或"擒之同返"。追击中，虽遭第一游击队各舰排炮轰击，仍毫不退缩，奋力向前，猛烈开炮轰击敌舰。一时间，空中炮弹横飞，海面水柱冲天。激战中，林永升不幸头部中弹，当场壮烈牺牲。代替指挥的帮带大副陈荣与守备二副陈京莹也先后中炮阵亡。在日舰火炮及鱼雷的轮番攻击下，经远舰全舰裂碎，沉入海中。270名官兵除16人获救外，其余全部壮烈牺牲。战后，清廷为显扬林永升海战中"争先猛进，死事最烈"的壮举，追封"太子太保"，按照提督例从优抚恤。战至3时20分，海战的第二阶段结束，北洋舰队致远、经远被击沉，济远、广甲逃走，只剩定远、镇远、靖远、来远4艘留在作战海域苦苦搏斗。日舰队除西京丸被击成重伤，逃离战场外，尚余9舰。力量对比，日舰已占绝对优势，北洋舰队处境艰难。

日舰倚仗舰多势众，为彻底击垮北洋舰队，以本队松岛、千代田、严岛、桥立、扶桑5舰围攻定远、镇远，以第一游击队4舰围攻靖远、来远。北洋舰队被一分为二，彼此难以顾及，惨烈的第三阶段苦战开始了。

北洋将士虽面对危急处境，但斗志高昂，愈战愈勇，毫不退却。鏖战多时，靖远中炮100多处，甲板起火，舰身进水。来远中炮20余处，燃起大火。二舰除舰首重炮外，其余炮位均被击毁，难以再战，遂相伴杀出日舰包围圈，向西驶至大鹿岛附近浅水区，占据有利地势，背靠沙滩，用舰首巨炮瞄准尾追而来的日舰，一面发炮猛轰不止，一面抢修舰体，扑灭大火。日舰害怕搁浅，不敢靠近，只是远远地来回巡驶，发炮轰击，丧失了机动能力和主动权。来远、靖远借此终于赢得了时间，扑灭了大火，修复了舰身，重新恢复了作战能力。

此刻，日舰本队5舰正在原作战海域全力猛烈环攻定远、镇远。二舰均中弹1000余处，镇远前甲板燃起大火，烈焰迅速蔓延，几乎吞没整个甲板，舰上士兵毫不慌乱，井然有序地发炮射击，泼水灭火，毫无惧色。日舰官员通过望远镜，竟发现有一清军军官正在甲板上"泰然自若地拍摄战斗照片"，不由得慨叹清军官兵的勇气。

定远管带刘步蟾在这次海战中发挥了重要作用。开战不久，由于丁汝昌负伤，指挥的重担就落在了刘管带肩上。刘步蟾，字子香，福建侯官人。曾考入福州船政学堂学习。后赴英国深造,学习海军,"成绩冠诸生"。1885年,统带"定远"回国,后被任命为右翼总兵兼旗舰定远号管带。刘公为人刚强,性格坚毅,有胆有谋。此次海战,刘步蟾坐镇定远指挥,施展自己军事才华,扬己之长,充分发挥定远舰首30.5厘米巨炮的威力,连连发炮,重创日舰比叡号,炸死赤城号舰长,击伤西京丸号。舰上水手称赞刘公"有胆量,有能耐"。面对5艘日舰围攻,定远舰进退有序,一面躲避敌舰炮火,一面频频发炮,奋勇杀敌。下午3时30分左右,定远舰首巨炮,一炮命中日本旗舰松岛号甲板,将左舷炮架全部击毁,引起甲板上弹药爆炸。松岛号舰体立刻向右侧倾斜,烈焰腾空而起,舰上百余官兵当场被炸死,甲板上尸如山积,血流满船。半小时后,大火虽被扑灭,但松岛号已完全丧失了作战和指挥能力,再战下去,就会像靶船一样,只有被动挨打的份了。日舰队司令伊东祐亨侥幸逃得性命,立即发出撤退命令。一时间,5艘日舰争先恐后,仓皇逃离战场。定远、镇远奋起追赶,发炮猛轰。北洋两艘主力舰穷追不舍,日舰别无他法,只得掉头应战。双方炮战激烈,海空硝烟弥漫,水柱腾空,炮声震耳欲聋。良久,日舰不敢再战,再次狼狈逃走。

下午5时许,靖远、来远归队助战,靖远舰代替旗舰升起归队旗,平远、广丙二舰及福龙、左一两鱼雷艇也前来会合,先前停泊于大东沟口内的镇南、镇中炮艇及右二、右三两艘鱼雷艇见信号也纷纷冲至口外,前来助战。北洋舰队重整队伍,在定远、镇远率领下，摆开阵列，猛追逃跑日舰。伊东见北洋舰队声势愈振，阵形严整，前来决一死战，便顾不得第一游击队4舰，独自率本队5舰南逃而去。北洋舰队追击数海里，因日舰速度快，很快驶出大炮射程之内，追赶不及。于是，收兵转向，摆队返回旅顺基地。日舰第一游击队见本队抢先逃走，随即也仓皇逃离战场，历时5个小时的黄海大海战，至此方告结束。

中日海军的黄海大决战，其规模之大、持续时间之长、战斗程度之惨烈，在近代海战史上都达到了空前的程度。前后约5个小时的鏖战，北洋舰队以弱敌强，以损失4舰的代价，重创日舰松岛、吉野、浪速、比叡、赤城、西京丸，可惜未能击沉一艘。此次海战，北洋舰队虽遭受重大损失，但粉碎了日本"聚歼清舰于黄海"的狂妄计划。清军爱国官兵600多名壮烈殉国，特别是像邓世昌、林永升等一批熟悉驾驶技术，又富有爱国报国之心的优秀将领，用自己的鲜血和生命，谱写出一曲惊天地、泣鬼神的爱国颂歌。诚然，北洋舰队有4艘战舰沉没，付出了沉重的代价，但主力舰定远、镇远尚在，其余各舰经修整后仍可投入战斗，仍有相当的作战能力。然而，经此战后，一直视北洋舰队为自己私有财产的北洋大臣李鸿章，不能容忍再有舰只损失，以降低自己在朝中的权势，故意在给皇帝的奏章中夸大北洋舰队的损失，极力吹嘘日舰的巨大威力，并严令北洋舰队退守基地，不得出大洋作战，将制海权拱手让给日本。北洋舰队由此一味消极防守，遂酿成了日后全军覆灭的可悲结局。

四 激战辽东 日军侵入中国东北

日军在平壤、黄海战役中连连得手,侵略气焰更加嚣张。日本大本营立即做出布置,把侵略战火烧进中国本土,以实现"深入中国境内,攻占其首府,以迫使中国签订城下之盟"的作战计划。至此,"经略满洲"就成为首先要达到的目的。由陆军大将大山岩为第二军司令官,统辖第一师团、第二师团及第十二混成旅团,总兵力达3万余人。拟于辽东半岛登陆,进攻金州、旅顺、大连湾,入侵辽南地区。由山县有朋率领的第一军,下辖第三、五师团,从朝鲜义州渡鸭绿江入侵中国东北辽东地区。两军作为左右翼,互相配合作战。

1. 虎山激战

平壤失守后,清政府已意识到日军的胃口远不止于吞并朝鲜,必将于近期内入侵中国,认为从九连城、安东县渡江入侵东北可能性最大。"兴京、沈阳为陵寝宫阙所在，关系至为重大"，为防守关键。在具体布置上，清政府终于放弃了在鸭绿江南岸与日军作战的计划，转而采纳了李鸿章提出的"严防渤海以固京畿之藩篱，力保沈阳以顾东省之根本"的防御计划。清政府任命四川提督宋庆帮办北洋军务，进驻九连城，负责指挥前线各军。同时，清政府又谕令黑龙江将军依克唐阿率镇边军赴九连城，协同防守。1894年9月27日，宋庆由旅顺起程赴任，10月10日抵九连城。依克唐阿也于13日到达。然而，商议布防时，因宋、依二人素未谋面，相互间缺乏信任、了解，在具体防卫安排上各执己见，难以合作。宋庆在多次请示李鸿章后，决定与依克唐阿分兵布防。经反复协商兵力配备，确定以主力刘盛休的铭军和原由卫汝贵统率的盛军，驻防九连城至安东一线；丰升阿、聂桂林驻守安东至大东沟一带；安平河口至蒲石河一带由黑龙江齐字练军倭恒额部防守；鸭绿江上游则由依克唐阿率军守卫。宋庆与依克唐阿在具体布防上意见相左，且二人又互不统属，又是第一次共事，且几次晤谈都很不投机。未临战阵，主帅不睦。清廷为调解这个矛盾，将布置稍作调整，以九连城为防御中心，分为左右两翼。左翼分两个阵地，安平河口至蒲石河口一带阵地由倭恒额指挥，东阳、苏甸及长甸河口一带阵地由依克唐阿率领镇边军马步13营防守，由依克唐阿统一指挥。右翼防线则由宋庆统一指挥，以专责成。以九连城为防守中心，而虎山又为九连城险要，宋庆遂率军亲守九连城，以马金叙守虎山。此时，驻防清军总计达3万余人，装备也不算太差，况宋庆、依克唐阿又属敢战之将，与敌应势有一拼。特别是以75岁高龄奉上命督师的宋庆也已发出"此行若不能奏功，一死殉国而已"的豪言壮语。但他虽有抗战决心，临战受命统率各军，无奈威望一时难立。前敌各将，除宋庆部下9营毅军外，其余因平时互不统属，或久未临战，或骄横跋扈，大多不听宋庆调遣。在漫长的鸭绿江防线上各将领分兵把关，消极防守，极大地分散了本来就不充实的兵力，布防上也出现较大漏洞。尤其是自平壤溃败后，清军士气低落，军中伤病士兵极多，许多士兵对与日军交战都怀有极大的恐惧心理，"避敌惟恐不及，已无抵御的勇气"。此次鸭绿江防卫战，未及打响，清军已呈败象。

面对清军沿江布防，山县有朋一一实地侦察，最后选择了清军防守的薄弱地段作为突破点，制定了攻取虎山，占领九连城的作战计划。10月24日，经过反复侦察地形，日军选中了水口镇附近的安平河口一段水浅的江面为涉渡地点。这里江水浅缓，多沙滩、少礁石，便于徒步涉水，而清军尚未设重兵布防。上午11时30分，日军开始过江，并一举击退驻防对面的少量清军和前来增援的200多清军马队。2个小时后，日军攻占安平河口的清军炮垒，轻而易举地冲破宋庆、依克唐阿反复谋划布置的鸭绿江防线。随后，日军第三师团从正面，第十旅团和第五旅团分别从左、右两翼包抄，三路齐发，猛攻虎山。虎山，地处鸭绿江下游，由于泥沙长年冲积形成沙洲，将江水分成3个支流。东、西两条支流水浅，流速缓慢，可以涉渡；唯中江支流宽150余米，水深流急。日军为保证步兵突击，连夜架设2座渡江浮桥。在架设中江浮桥时，为连接两岸浮桥绳索，日军指挥官挑选一名极善泅水的工兵携长绳乘黑夜渡江，不料，游至江中心即为冰冷江水吞没。只得又派2名士兵再次涉渡，终于完成任务。对此，驻防清军竟毫无觉察。

虎山位于鸭绿江与叆河交汇处，隔叆河与九连城遥遥相望，山高虽仅百余米，但山势险峻，攀登困难。宋庆以地势易守难攻，仅安排数百人防守此地。10月25日清晨，正面日军在猛烈炮火的支援下，向虎山发起冲锋。守山清军虽仅五六百人，但在守将马金叙指挥下抗击着日军1个师团、2个旅团的疯狂进攻，军卒以一挡百，顽强奋战。日军也承认马金叙部虽遭突然袭击，"未现狼狈之色"，且"应战颇能"，不断开枪开炮，猛烈射击进攻的日军。激战中，山顶数面"马"字大旗，在晨雾与硝烟弥漫中，岿然屹立，迎风飘扬。马金叙，字丽生，安徽蒙城人。初投刘铭传部下，任将领，屡建战功而升至总兵，以作战勇敢著称。甲午战争爆发后，因与铭军主帅不睦，备受排挤，遂转投宋庆，出任毅军分统，随宋庆驻防鸭绿江前线。此次战前，宋庆偕诸将视察地形，发现虎山地势险要，当即询问谁敢守此要地。众将未及答言，马金叙应声出列，主动请缨，愿担此重任。马氏此举，使众将无不感奋。战斗打响后，马金叙始终挺立于"马"字大旗下，高声呐喊，激励士卒，齐心协力，痛击进犯日军，先后打退日军3次进攻。战斗异常惨烈,清军将士死伤严重,马金叙身受10余处枪伤,仍裹伤坚持指挥,士兵被主帅感动,齐喊杀贼,声震云霄,与敌寇拼命搏战,毫不退却。后日军右翼攻占虎山东面高地,居高临下,从侧面向虎山的马金叙部射击。驻守虎山侧翼的聂士成军虽腹背受敌,仍不怕牺牲,苦苦支撑。宋庆见情况危急,急派宋得胜和马玉昆率步骑2000人驰援。日军发觉清军意图,也急调援兵,全力阻击增援清军。日军左路进攻部队又绕至虎山西侧,以期截断增援上来的清军的退路。双方激战良久,清军增援部队终因难以抵挡日军的前后夹攻,伤亡大半,无法实施增援,先行撤走。聂士成抵挡不住日军反复进攻,率残部700余人退守叆河西岸。此时,虎山阵地,清军虽"伤亡鳞叠",但仍"顽强抵抗,毫无退却之色"。日军集中炮火猛轰滥炸,马金叙部伤亡过半,渐渐难以支撑。马金叙为践其死守虎山之誓,拼力督战。部下眼见形势危急,死力相劝,"与其同归于尽,不如留此身以图恢复。且援兵不至,非公之罪也"。马金叙看看援兵撤走,孤力难支,只得率余部突围而出。上午12时30分,虎山落入日军之手。

鸭绿江防全线崩溃

攻占虎山后,山县有朋率第五师团渡江,进驻虎山。日军按照预定计划,立即兵分三路,进犯九连城。10月26日拂晓,日军向九连城发起总攻,集中所有炮火,向城内猛轰,但见"鸟雀惊飞",不见城中动静。急忙停止炮击,派士兵攀墙进城,打开大门,日军大队冲入城中后,发现并无一名清兵。原来,虎山兵败后,各路清军纷纷夺路而逃,阵形大乱而不可收拾。宋庆屡屡催促刘盛休率所部过河增援虎山,刘却只进到叆河岸边即逃回。刘部见虎山失守,士卒惊恐万状,纵火焚烧军营,四散逃避。宋庆无力继续组织有效抵抗,只得连夜退走凤凰城。清军苦心经营的鸭绿江防线,费尽心思谋划的以九连城为防守中心的防御体系,竟如此不堪一击,仅一日一夜,即告失守,可谓一大奇闻。而驻守大东沟一线之清军,一闻虎山、九连城败信,也闻风而动,连夜逃走。清军鸭绿江防线,全线崩溃。日军仅以死34人、伤115人的微小代价,一举突破清军鸭绿江防线,侵入中国内地。而清军死伤则难以计数,仅虎山战场,就遗尸近400具,18门大炮及大批枪支弹药、粮草也尽落敌手。

日军轻而易举地占领九连城后,又连拔安东(今丹东)、凤凰城。就在宋庆率本部毅军从凤凰城退守摩天岭之际,依克唐阿尚在长甸城驻守。当日军突击抢占安平河口时,其曾派兵增援,后又派马队统领侍卫永山率队驰援,并有斩获。直至得知日军占凤凰城后,为避免腹背受敌,依克唐阿才率部撤守宽甸城,退守赛马集,以与宋庆军协守摩天岭,以期固守辽阳、奉天,保卫这块清朝"陵寝、宫阙、历代圣容、宗器国宝尊藏所在地"。原来,日军为达到"进逼辽阳、奉天","取奉天度岁"的目的,在接连占领长甸、宽甸城后,又于11月18日,在南北夹攻下,攻占岫岩。岫岩为一战略要地,西通海城,东邻凤凰城,北通辽阳,为兵家必争之地。驻防此地的清军丰升阿见无力坚守,率部退走。至此,日军几乎完全控制了东边道所,并在安东县设立民政厅,任命书记官小村寿太郎为民政长官,实施殖民统治。

3 辽阳东路争夺战

日军在占领了东边道诸重镇后,立即分兵出击,日军第一军第五师团以一路进攻赛马集,攻击依克唐阿军侧翼,一路进攻摩天岭,以夺取辽阳东路第一险要之地。11月24日,日军占领草河口,企图切断驻守赛马集的依克唐阿部及守卫摩天岭的聂士成部之间的联络,从而各个击破。依克唐阿与聂士成商议后,毅然决定主动出击,痛击来犯日军。24日深夜,聂士成亲率马队数百名,冒着飞舞的雪花,突袭连山关隘。驻防日军从梦中惊醒,因不知清军虚实,纷纷夺路逃走。聂军遂即占领此地。次日,按照事先的约定,聂士成率部出击位于连山关东南、草河口西北的分水岭。依克唐阿则率部10营由赛马集进攻草河口,东西呼应,合力夹击驻防的6个步兵中队及3个骑兵中队的日军。上午11时,依克唐阿部发起进攻,士兵们在步队统领寿山及马队统领永山的指挥下,"绕山越涧","分道猛进"。因山路崎岖,马队难以施展,永山遂即下令将士"下马步行","披荆力战"。永山自己更是身先士卒，攀岩石，冒弹雨，冲锋在前，随身亲兵伤亡殆尽，仍毫不退却。面对清军一反以往固定的死守战术，竟展开浪潮般的冲锋，日军吃惊不小，拼命组织防御。战场上"枪炮环施，弹如雨注，数十里外，皆云声震山谷，如迅雷疾发，经日不止"。日军腹背受敌，拼力支撑，伤亡惨重。后天降大雪，清军停止攻击。此战，清军以阵亡10余人代价，毙伤日军步兵大尉斋滕正在内的官兵达42人。草河口一战，清军大胜，稍振军威。日军也由此惊惧永山的马队。

日军在草河口遭受重创后，第十旅团长立见尚文率部从凤凰山倾巢出动，扑向赛马集和草河口，以期报复。双方在草河岭以北的崔家房展开激战。后得知聂士成部已夺取连山关及分水岭，立见尚文深恐遭到聂部及依克唐阿部夹击，又考虑凤凰城空虚，有意撤走。此时，天降大雪，北风刺骨，入夜，日军围篝火取暖，冻伤兵员"十居八九"，有的士兵竟被冻得不能行走，完全丧失了战斗力。12月5日，日军放弃草河口，狼狈逃回凤凰城。9日，依克唐阿制定了反攻凤凰城的计划，率部由通远堡南进；寿山及永山率镇边军绕道出凤凰城东北，定于12日合攻凤凰城，以期克日收复。同日，依克唐阿部与正率部由凤凰城向连山关偷袭的立见尚文部在樊家台遭遇。樊家台地势险峻，有草河通过，两岸峡谷壁立，大军难以通行。清军迅即抢占峡谷两侧高地，居高临下，猛击日军。日军也立即还击。一时间，枪炮声震耳欲聋，响彻山谷。3小时后，日军后援大队赶来，清军不支，依克唐阿退守草河口，聂士成率部退守分水岭。值此一战，日军死伤60余人，清军也付出沉重代价。更为遗憾的是，合攻凤凰城计划由于依克唐阿部的后撤而难以实现，日军也据此得知了清军反攻凤凰城的计划，及时调整了部署。

12月13日，寿山、永山率镇边军如期抵达凤凰城东北，夜宿于顾家堡等村。深夜，早已探知清军虚实的日军，集中3个大队的兵力，在猛烈炮火的支援下，突袭宿营清军，并纵火焚烧民房。面对日军的突然袭击，从睡梦中惊醒的清军仓促应战，全然不惧。永山率部"奋勇战斗，坚守阵地"，吸引了大部进攻日军，使清军得以安全撤走，永山率部最后突围，与大部队在长岭子会合。15日，退往葱岭。不料，立见尚文预伏一个大队日军于此，突然杀出，截断了清军退路。此时，寿山、永山部已激战一日一夜，未进饮食，疲惫不堪，难以再战，在日军突然截杀下，队形大乱。危急时刻，永山手持指挥刀，亲自断后，掩护清军突围。激战中，永山左臂、头部受伤，仍亲操枪械，"击毙悍贼数名，督队前进"。不料一弹洞穿胸部，永山"倒地晕绝，忽大呼而起，戈什扶之，坚不肯退"，临终前仍"口喃喃嘱兵勇好辅寿山杀贼"，牺牲时年仅27岁。

永山，1868年生于黑龙江瑷珲城。原姓袁，系明末抗清名将袁崇焕的七世孙。袁崇焕蒙冤被杀后，其后代在清初被编入宁古塔汉军正白旗。永山虽出身八旗子弟，但并无纨绔子弟的恶习。自幼就受到官拜吉林将军的父亲富明阿严格的封建思想教育，怀有忠君报国之志。从军后，很快升任马队统领。甲午战争爆发后，清政府急调东三省驻军增援辽东，永山认为报国时机已到，慷慨请行，遂编入依克唐阿部下。10月24日，当日军突破安平河口之际，曾率马队奋勇驰援，打出威风。此后，再战于草河口、凤凰城，往往匹马当先，披坚执锐，不稍后退。此次反攻凤凰城，出力甚巨，不料壮烈殉国。永山战死，极大震动了东北战场和各路清军，依克唐阿在奏报中赞颂永山的殉国"较左宝贵尤为惨烈，其战功亦不相下"。清廷为嘉奖永山忠烈，赐谥号"壮愍"，并"建祠奉天"以为后世纪念。的确，永山在战斗中所表现出来的卓著的战功、大无畏的气概和誓死报国的精神，极大鼓舞了广大爱国官兵。然而，随着反攻凤凰城的计划终告失败，辽阳东路各重镇几尽陷敌手。

4　海城争夺战

为了打通与在辽东半岛登陆的日军第二军的联络，互相支援，山县有朋及日军第一军将领急于攻占海城，以控制辽阳南路这个重要的战略城镇。海城地处辽南，居交通要冲，东连岫岩、凤凰城，西通牛庄、营口，北控辽阳、奉天，南达盖平、金州，实为极为重要的战略重地。然而，对是否攻占海城，日本大本营却有不同的看法。由于严冬将至，气候寒冷，日军连日征战，受伤亡、疾病、寒冷的困扰，军中减员极多，急需休整。11月9日，大本营命令日军第一军退至九连城附近，在叆河与大洋河之间建立宿营地，全军扎营，休整待命，为来年春天发动春季攻势做准备。然而，武断的山县有朋却固执己见，于11月25日强令日军进攻海城，因而与大本营的争论表面化了。大本营为维护权威，制止山县的冒险行为，由天皇下诏，调山县回国"养病"。由于进军令早已下达，山县虽然起程回国，接到攻击令的日军却仍冒着严寒，急扑海城。经过沿途激烈交战，日军终于在12月23日攻占海城。

鉴于海城重要的战略地位，清廷急令宋庆自盖平驰援，以保护营口、牛庄。宋庆留章高元的嵩武军、张光前的亲庆军守卫盖平，亲率9000余人连夜北上，在海城西南的马圈子、感王寨一线扎营，伺机反攻海城。占据海城的日军，见处于清军四面包围之中，盖平又有清军驻防，牢牢阻隔了与第二军之间的联系，又发觉清军大军进至海城外围，十分紧张。为了争取战场主动，连日征战的日军不顾伤病员增加、粮草缺乏等困难，抢先从海城出兵进攻驻扎马圈子一带的清军，排出18门大炮及3个中队的步兵。12月19日午后，日军在用排炮轰击后，发起步兵冲锋。清军毫不示弱，奋勇还击，战场上炮声如雷，"天地为之震撼"。日军步兵冲锋在开阔地上，毫无遮拦，被清军士兵像打活靶一样射杀，"死伤颇多"，"鲜血淋漓，染红满地积雪"。午后2时，日军在付出75名官兵阵亡的代价后，占领马圈子，清军后撤。

午后4时，日军向感王寨东北的香水泡子发动进攻。日军在两尺深的积雪中艰难进攻。宋庆的毅军打得异常英勇，4门速射炮准确地落在进攻日军的队中，步兵也依托民房墙壁，顽强射击。日军死亡惨重，其中一支120人的队伍仅40人生还，只好匍匐于地，等待增援。随着两个大队的日军增援部队投入战斗，清军感王寨第一道防线被突破。毅军临危不惧，官兵们前赴后继，轻伤不下战场，拼死与日军搏战。日军指挥官也由衷叹服，称毅军"不愧为闻名的白发将军宋庆的手下，不轻露屈挠之色"。双方战至下午5时50分，日军终于占据感王寨，宋庆率残部退往田庄台。此次激战，自上午直打到黄昏，双方都付出了重大代价。日方承认，此仗日军死伤408人，这个数字，尚不包括冻死及害怕被俘而自杀的在内。清军伤亡约500人。清军在此仗中虽毙伤了大量日军，但毕竟丢掉了感王寨，使本来岌岌可危的海城日军固守孤城成为可能。日军随即展开进一步攻势，以期打通第一、二军之间的联系。

海城，素有"辽沈门户，海疆咽喉"之称，清廷非常重视。当海城失守的消息传出后，"宁、锦诸城大震"，清廷的祖宗陵寝之地受到了直接的威胁。此一惊非同小可，清廷急调各路援军，驰援辽阳，以期夺回海城。黑龙江将军依克唐阿、吉林将军长顺率部紧急驰援辽阳。奉天将军裕禄部及驻守海城西南田庄台、盖平、营口等地的宋庆部加强备战。至12月底，清军在海城的北、西、南各重镇集结兵力达170余营。清廷还在关内急调各路援军，出关增援，以期反攻海城。

日军在攻占海城的同时，就发现自己处于数万清军三面包围之中，第五师团又被牵制在凤凰城一线，难以抽身。在山东半岛登陆的日军，距海城较远，且有盖平清军阻隔，难以增援。为打通与海城的联络，日军反复衡量，于1895年1月3日，由乃本希典指挥的第二军之混成旅团北犯盖平。1月10日，日军分左、中、右三路向盖平发动猛烈进攻。

此时，驻守盖平的有章高元部清军8营，守南门外盖州河一线；张光前及杨寿山、李仁党守东门外凤凰山一线。士兵们浇水成冰，使盖州河面坚硬光滑，以期阻止日军进攻。清晨5时，日军全线发起冲锋，战场上枪炮声如雷贯耳，炮弹枪弹在空中纷飞，如倾泻的暴雨。日军兵卒拼力冲击，清军官兵誓死坚守。章高元更是激扬士气，亲临阵前，往来指挥，毫不畏惧。士兵们"精神百倍"，拼死杀敌。日军正面突破的企图不仅未能实现，且伤亡惨重，陷于困境。见正面强攻不行，日军遂绕攻凤凰山，以期从侧翼突破清军防线。凤凰山战场一时间硝烟弥漫，枪炮声震天动地，"仿若天地即将崩毁"。不久，张光前支持不住，阵地被日军突破。7时50分，凤凰山被日军占领。8时15分，日军从盖平城东南攀城墙而入。

正在盖州河顽强阻击的章高元，发现城东南挂起日本旗，急令杨寿山、李仁党率队回援。二人冲锋在前，直闯入日军步兵队中，左冲右杀，直扑城南门。不料，日军施放排炮，杨寿山"忽一飞子洞胸而入，仆地气绝"，李仁党也"中子殒命"。二人双双为国捐躯，所带官兵，大多阵亡。日军击溃清军援军后，立即架炮猛轰坚守盖州河的章高元部。此时，清军援军徐邦道率部赶来，无奈日军炮火过猛，章、徐两人只得率部撤走。9时40分，盖平城全部陷于敌手。日军虽占得盖平，但也付出了伤亡334人的惨重代价，是日军侵华以来伤亡较大的一次，但毕竟占据了盖平，实现了预定计划。清军也有近700人伤亡，但战场主动权尚在手中。

为彻底切断日军第一军与第二军之联络，挽回盖平失利的被动局面，缓解日军对奉天的威胁，经过较长时间的准备，清军开始反攻海城。

1895年1月17日，依克唐阿与长顺共率2万余清军开始联合反攻海城。经过协商，依克唐阿率部由西北进攻，长顺由东北、北面进攻，形成对海城的半圆形包围。早8时，长顺率部发起进攻，清军炮兵排炮向日军驻守的城外双龙山狂轰，步兵随即攀岩而上。日军居高临下，组织炮火猛烈还击，用密集弹雨阻止清军。双方战到下午2时35分，长顺部伤亡60余人，缓缓撤下。依克唐阿部主攻西路，官兵们骁勇异常，猛攻日军驻守的欢喜山阵地，日军力不能支。第一军司令野津道贯与第三师团长桂太郎正在山上观战，清军一发炮弹突然飞来，竟从二人中间穿过，惜未能爆炸，二人侥幸逃得性命。日军指挥官惊恐之余，恼羞成怒，以3个大队猛烈反攻。清军在予敌以重大杀伤后，渐渐力不能支，加之夜幕降临，且战且退。第一次反攻海城遂告失利。

第一次反攻失败后，长顺退往海城以北10公里的柳河子，依克唐阿退守海城西北15公里的耿庄子。1月22日，经过几天休整，两支部队再次进攻海城。依克唐阿率部攻占海城西北6公里的大富屯、小富屯。清军"五人一帜，十人一旗"，"头上缠着红色头巾，手持抬枪、鸟枪、连发枪等火器"，小心谨慎，一步一射。当进至海城西北1公里的徐家园子时，埋伏已久的日军突然杀出，将依军拦腰截为两段。依军猝不及防，伤亡惨重。进攻城东双龙山一线的长顺部接依军救援急报，即率部绕到城西，抢攻晾甲山日军。长顺部将晾甲山三面围定，猛烈进攻，无奈日军炮火过猛，见依军撤走，遂下令后撤。此战，由于日军设有埋伏，加之开花炮威力巨大，清军遭受重大损失，共伤亡600余人。第二次反攻海城又告失利，依军及长顺部士气受到很大挫折。

连续两次反攻失利，并没有动摇清廷夺回海城的决心。此时，在山东登陆的日军正全力进攻威海卫，以期全歼北洋舰队。而清政府则拟派出议和大臣张荫桓、邵友濂赴广岛与日本政府进行议和谈判，故为增强谈判筹码，急需海城反攻胜利。清政府下决心夺回海城，除责令依克唐阿、长顺、章高元参加第三次反攻战外，又增调徐邦道的拱卫军和李光久的老湘军加入战列，总计3万余人，分左、中、右三路合击海城。长顺担任左路进攻，直取海城东北的头河堡、二台子及双龙山；右路徐邦道、李光久进攻城西的柳公屯一线；中路由依克唐阿部进攻欢喜山。2月16日上午10时，清军左、右两路同时开始进攻，本着战前约定的

"以分军先抢山头为上"的战术，长顺军约3000人"吹响进攻号，呐喊着猛进"，直扑双龙山。日军恐惧，拼命开枪开炮。炮弹在长顺军"头上炸裂，榴弹在周围迸散"，官兵死伤严重，被迫后撤。依克唐阿的中路进攻由于日军炮火过猛而败走。徐邦道、李光久的右路进攻颇有声势，率先抢占了唐王山西侧高地。在继续攻击中因山势陡峭，多悬崖绝壁，又被日军炮火压制，始终未能抢上山头。午后3时，被迫撤走。第三次反攻，虽激战一天，清军仍以失利告终，伤亡200余人，而日军仅伤亡14人。担任牵制任务的辽阳知州徐庆璋率兵勇3000人，大炮8门攻打析木城，也因日军早有准备，炮火猛烈而败走。

清军接连三次进攻海城，虽未得手，但依克唐阿、徐邦道、李光久等均扎营距海城几公里之地，对海城仍紧紧包围，战场主动权仍掌握在手中。在三次反击战中，李鸿章的淮军暴露出腐败无能、屡战屡败的情形，根本无法抵抗日军的进攻。淮军将领叶志超等在战斗中的拙劣表现，引起朝廷言官的弹劾。清政府为夺回海城，决定起用湘军。1894年12月28日，经过反复斟酌，光绪皇帝颁旨，任命两江总督、南洋大臣刘坤一为钦差大臣，督办东征军务，节制关内外各军。刘系湘军名将，一贯主战，此次奉命督师，奏请署湖南巡抚吴大澂和宋庆帮办东征军务。朝廷立即允准，并下令湘军部将迅速组军增援关外。湘军旧部新疆布政使魏光焘、江苏按察使陈湜，湘军悍将李续宾之子李光久纷纷率部开往辽东战场。刘坤一于1895年2月

9日抵达山海关。此时，关内增援部队仍源源不断出关，除黑龙江、吉林、奉天三省原有清军外，关内之京畿、北塘、天津、大沽等地驻军也纷纷调防。至2月下旬，集中在海城周围参加反攻作战的计有依克唐阿、长顺、宋庆、吴大澂、魏光焘部100多营计6万人，加之关内的军事调动，总计约在400余营，20万人。为协调后勤供应，除天津东征粮台外，又增设湘军东征粮台，专门负责东征军队的后勤供应。这次军事调动是中日甲午战争以来，清廷在陆军方面的最大的一次军事行动，集中了能够调动的一切军事力量，足见清廷对此次海城反击战的重视程度。

与前几次反攻海城不同的是，此次清军进攻主要集中在大平山和海城2个战场。

大平山位于大石桥西南，为连接盖平及营口的咽喉要地。日军自占领盖平后，限于兵力，只派少数部队驻防。为配合反攻海城，牵制日军，宋庆等率部奔袭大平山。2月21日凌晨，宋庆、马玉昆率部从营口出发，8时许，进抵大平山，与日军展开小规模的战斗。下午3时，宋庆部占据大平山，马玉昆也驻扎西七里沟。不久，徐邦道也前来助战，扎营大平山北6公里之老爷庙、姜家房，至此，清军总数已达1.2万人，大炮10门。23日到达盖平的日本第一军第一师团，于24日开始向大平山发动进攻，以期为下一步进攻营口作准备。

24日晨7时，日军第一旅团在乃木希典率领下从右路进攻大平山之东侧，西宽二郎指挥第二旅团为左路,进攻大平山南面,师团长山地元治率本队为预备队向大平山清军发起全线进攻。经过一番猛烈炮击后,左路日军攻占东七里沟,随即向马玉昆驻守的西七里沟进犯,日军排出 12 门大炮,发射"榴霰弹四百余发"。马玉昆指挥士兵奋勇还击,军士们在民房墙壁上凿出枪、炮发射孔,向在雪地上蜂拥而来的日军猛烈射击,日军伤亡很大。战至下午 4 时,进攻日军子弹用尽,加之平地毫无遮拦,只得"伏地避弹",情况十分狼狈。山地元治急令预备队增援,日军士兵为摆脱困境,拼死冲锋。清军阵中,宋庆、马玉昆纵马往来驰骋,指挥士兵奋勇抵抗。宋庆坐骑中炮,摔伤腰部,换马后继续指挥。清军官兵十分感动,"迎炮以上,呼声动天地,无不以一当十"。日军在大平山战场 20 公里的范围内,有 50～60 门快炮不停地向清军轰击,清军官兵死伤颇多,但毫无退却之色。战场上,马玉昆率百余亲兵被日军围困,搏斗尤为激烈。马玉昆左冲右突率部杀出包围,见还有清军士兵被困在内,遂又挥兵杀入,救出被围士兵,而百余名亲兵仅剩 20 余人,被迫放弃西七里沟。日军右路也攻占了大平山东部,大平山阵地遂被日军占领。大平山之战是清军四次反攻海城战斗中较为激烈的一次,清军伤亡惨重。日军也付出了重大代价,伤亡官兵 300 余名,加之激战一天,爬冰卧雪,饥寒疲惫,军中竟有 1000 余人被冻伤。

在海城战场,清军沿袭以前的进攻路线,兵分三路,依克唐阿担任中路突击,从北面进攻双山子、教军场；长顺从东路，进攻距海城仅1公里的栗子洼；吴大澂的湘军和徐邦道的拱卫军从西路进攻唐王山、晾甲山。2月21日上午9时许，清军全线发起攻击，在炮兵掩护下，长顺军向双龙山东侧、依克唐阿军向欢喜山及双龙山之间的甜水沟猛烈进攻，造成两路夹击双龙山的态势。日军急忙抢修加固工事，并组织炮兵、步兵全力反攻。激战多时，依军大炮多门被日军击毁，难以招架，步兵只得后退，两路进攻，同时受挫。

在西路攻击中，吴大澂指挥部将李光久、刘树元，徐邦道率领副将胡延相、蒋顺发及梁永福将晾甲山团团围住，合力猛攻。日军官兵难以招架如此凶猛的攻击，向山顶仓皇逃窜。恰在此时，进攻唐王山的清军罗应旒见日军逃窜，挥兵从山后偷袭，不料遭遇从盖平前来增援的三路日军围困，处境异常危险。徐邦道等立即调转炮口，全力轰击增援日军，一面率队增援，经过苦战，虽杀退日军，但伤亡很大，难以再行攻击。且依克唐阿、长顺两部，连遭挫折，进攻锐气远不如前，战场上一遇日军，步兵往往畏缩不前，只靠炮兵远远地轰击而已。清军第四次反攻海城，再一次以失败告终。

四次反攻失败后，清廷仍未动摇攻下海城的决心。2月25日，再次谕令东征各军，以"现在关外大军云集，各营枪械亦齐，声威较壮。海城距贼毗连处，经依克唐阿等攻剿，凶锋已挫，亟应联络各营，鼓励士卒，齐心并力，迅图克复海城，再行合军南剿……"。于是宋庆、吴大澂、依克唐阿、长顺等前线将领经协

四 激战辽东 日军侵入中国东北

商，遂定于27日分三路再次反攻海城，这已是清军第五次反攻海城了。

27日，西路进攻部队在李光久、刘树元、徐邦道、梁永福等率领下，分头猛攻。徐邦道指挥进攻唐王山的战斗，打得异常激烈，日军炮火猛烈，徐邦道指挥炮队还击，一发炮弹竟与徐邦道擦身飞过，营官刘桂云中炮阵亡，徐邦道只得下令退走。随后，各队清军也纷纷败退。北路依克唐阿部击退日军对大富屯的进犯，统领寿山又乘胜攻占日军双山子阵地。28日，天降大雪，平地深3尺。驻扎在海城的日军主动出击，第五旅团进攻欢喜山，双山子第六旅团进攻沙河沿、大富屯等地，分路进攻清军。激战多时，清军在寿山、德英阿等将领指挥下，坚守阵地，奋勇还击，日军退走。此时，为解海城之围，日军施"调虎离山计"，第五师团进攻摩天岭及辽阳，第三师团进犯鞍山，以实现山地元治和野津道贯确立的会攻牛庄、营口计划，同时，牵制围攻海城清军。驻守奉天的裕禄和辽阳的徐庆璋慌了手脚，急电海城前线诸军救援。清廷急令长顺、依克唐阿率部增援辽阳。此二军一走，海城北面空虚。3月2日，魏光焘、晏安澜与诸将再议会攻海城。但诸将多有难色，不愿马上进攻。只有徐邦道率部与日军在海城西南唐王山苦战。由于各军犹豫不战，徐邦道孤立无援，不能深入，只得退走。第五次反攻海城也告失利。

清军集中兵力，前后五次反攻海城，最后两次反攻兵力竟达6万人，是海城日军的9倍。缘因围城清军各将领心志不齐,又缺乏统一指挥,屡战屡败。前三次反攻主将为长顺和依克唐阿,而长顺消极避战,且依克唐阿"忠勇有余,智略不足"。第四次反攻又加宋庆、吴大澂为主将。海城前线实际上由吴大澂指挥,他言过其实,自命不凡,却并不熟悉军务,临战前求神算卦,希望通过此战,飞黄腾达,而对与日军交战,则不认真准备,如此统帅,焉有不败之理。日军进犯辽阳、鞍山,清军陆路战场已呈败象,再也无力主动进攻海城了。

金州陷落

就在日军第一军入侵安东、九连城的同一天,由大山岩率领的第二军按照预定计划发动了对辽东半岛的进攻。辽东半岛,呈三角形,自金州斜伸入海,山海依倚,实属天然形胜。旅顺口位于辽东半岛顶端,与山东半岛的威海卫隔海相望,同为北洋海军重镇。旅顺后路大连湾,左右高山环绕,实属天赐良港。清政府为巩固军港防卫,在山中设置炮台,添置最新式自动回转大炮,并派重兵驻守。为夺取旅顺,日军经过多次侦察并反复研究,最后选定花园口为登陆地点。

花园口为辽东半岛东侧的一个小海湾,西南距金州约80公里,距大连湾100公里,北连中庄、辽阳,近海为泥沙海底,地势平坦,宜于行船。涨潮时,水深可达3米以上,便于实施登陆作战,实为理想登陆场所。花园口地势虽十分重要,而清军竟在此疏于设防，给日军登陆造成可乘之机。

1894年10月24日凌晨，在联合舰队的护送下，日军第二军第一师团分乘16只运输船抵达花园口外，晨雾中，数十艘汽船牵引着无数的小舢板，满载着荷枪实弹的士兵，向沙滩涌来。一时间，岸边竖起太阳旗，侵略者一面到处抛撒、张贴日军"规律严明"、"秋毫不侵"的传单、文告，一面派出部队，冲入附近的村庄大肆抢掠。两相对照，足见日军卑鄙无耻之极。半个月内，日军第二军司令部和24000多名士兵及2700多匹军马顺利在花园口登陆。

面对日军如此大规模的登陆行动，清军事前竟一无所知，完全蒙在鼓里。24日，日军先锋登陆后，驻扎花园口附近貔子窝清军捷胜营马队营官荣安部下士兵俘虏一名日本间谍，得知日军大队登陆的详细情况。次日，派人报告驻防金州的清军副统领连顺，并将俘虏押往金州。此后，层层向上报告，要求派兵增援金州、大连湾。迟至29日，李鸿章回电训斥"倭匪尚未过貔子窝而南，汝等只各守营盘，来路多设地雷埋伏"，并责骂守将赵怀业等"糊涂胆小"。就在互相推诿扯皮中，日军已然从容登陆，清海陆军竟"无过问者"，致使大批日军登陆，金州城处境危急。

金州，地处辽东半岛蜂腰部，扼旅大后路咽喉，南距旅顺口约50公里，呈长方形。州城东西长600米，南北宽760米，城墙高达6米，城门坚固，号称"辽东雄镇"。金州若失，旅顺断难坚守。从海城驰援驻防金州附近的清军总兵徐邦道闻听日军大批登陆，坚决主张趁日军在花园口立足未稳之际,率先主动出击。由于李鸿章电报中有"并无守城之责"的话,大连湾总兵赵怀业害怕承担责任,拒不派兵增援金州。徐邦道义愤填膺,独率部下前往金州,参与防御,抢修工事,并在日军进攻金州的必经之路石门子设防,修筑堡垒,誓与日酋决一死战。

徐邦道,字见农,四川涪州(今重庆市涪陵区)人。早年参加楚军,累迁至副将。1889年任正定镇总兵,以作战勇敢、忠勇顽强而威震诸军。在与日军的多次交锋中,勇谋兼备,身先士卒,多次重创日军。此次,率步队3营、马队1营、炮队1营2000余人进驻金州,加上金州原有守军连顺部及自告奋勇协助徐邦道守城的周鼎臣部数百人,总计兵力约3000人。经协商,徐邦道率部驻防金州东路,连顺率部守金州城。徐邦道设大营于金州城东阎家楼,亲自坐镇指挥。

日军进攻金州,意在截断旅大清军后路,进而夺取旅顺、大连。具体部署是:由第一旅团长乃木希典少将指挥的第一联队进攻金州东路清军防地;第一师团长山地元治中将指挥第二、三联队绕出金州以北三十里堡,再沿金复大道南下,从背后进攻金州。11月5日中午11时,乃木希典指挥日军向徐邦道驻防的金州城外石门子高地发起攻击。清军士兵据垒反击,枪炮齐发,弹如雨下,猛击进攻日军。激战3个小时,日军多名官兵受伤,被迫撤退。下午4时,不甘失利的日军发起第二轮进攻,双方再度激烈交手,战场上硝烟弥漫,枪炮声震天动地,"犹如轰雷闪电,弹弹相击，硝烟竞涨，激攻猛击，尤为雄壮"。徐邦道沉着镇定，指挥士兵英勇作战，几度击退冲上阵地的日军。由于清军依据地势，居高临下，射榴弹有如暴雨一般倾泻到日军阵地，而日军只能"藏身于山谷""由低处仰射"，相持多时，日军力不能支，再次败北，狼狈退走。面对坚如磐石的清军阵地，乃木希典无可奈何，只得传令扎营，士兵当夜即于清军阵地外露营，准备次日再战。

11月6日晨4时，日军发起总攻，步兵在炮兵密集炮火掩护下，向清军阵地涨潮般涌来。清军官兵待日军逼近，突然枪炮齐发，日军狼狈逃走。不久，第二次冲锋又接踵而至，清军跳出堡垒，与扑上来的日军展开白刃格斗，战场上杀声震天，血流成河，敌我士兵混战成一团，战况殊为惨烈。战斗多时，日军依仗人多，蜂拥而来，刚毙伤一批，又上来一群。而清军将士死伤严重，又无援兵，拼至仅百余人，终于，阵地被突破。恰在此时，绕至金州背后的日军偷袭得手，徐邦道部腹背受敌，不得已，率部撤入金州城内。

6日上午8时，日军第一师团及第一旅团，同时从不同方向对金州发起攻击，并于城外高地架炮，向城内排炮轰击，炮弹如雨点般向金州城内倾泻。守城清军不畏强敌，"殊死防战"，发炮还击。日军志在必得，清军毫不退让，战场上炮声"如万雷齐鸣，山河为之震动，硝烟弥漫天空"。日军见久攻不下，使用工兵炸开北门，步兵随即蜂拥而入。很快，东门亦告失守。守城清军与敌展开激烈巷战，连旗民、地方官也纷纷投入战斗，保卫金州城。终因寡不敌众，大批清军士兵战死。值此万分危急之际，大连湾守将在屡屡紧急求援下带队而至，一见城门失守，竟率队不战逃走。徐邦道、连顺苦战多时，见援兵不至，只得率残部退往大连、旅顺。日军进城后，野兽本性毕现，大肆烧杀抢掠，城中平民百姓，无论男女老幼，被日军杀死者难以数计。金州古城一日之间即陷敌手，并遭浩劫。

6 土城子大捷

攻陷金州当晚，日军即制定了进攻大连湾、夺取旅顺军港的作战计划。11月7日凌晨，日军兵分三路，开始实施攻击。本来，日军估计，大连湾为北洋重地，修筑有最新式的炮台，极为坚固，且装备有最精良的大炮，火力强大，远非金州可比，预计一场恶战在所难免。可当日军进攻之际，却发现如此重地，清军竟已经弃守。日军不战而得大连湾，缴获清军遗弃的大炮、枪支、弹药、马匹、军帐无数。原来，驻守大连湾的清军守将赵怀业，一闻金州失陷，惊慌失措，率部连夜逃往旅顺，将大连湾拱手让给侵略军，使得旅顺口也直接暴露在日军枪口之下。清军三日之内，连丢金州、大连，旅顺危急，朝野震动。

旅顺素有"东洋第一坚垒"的称号，与威海卫隔海遥遥相望，恰似两把利剑，共扼渤海之门户。旅顺口位于辽东半岛的顶端，港口位于老铁山东北麓与黄金山西麓之间,东西狭长,南北窄小,中间有一虎尾状沙丘,将港湾分为东、西两澳。港口最窄处仅九丈,可通过铁甲巨舰。旅顺口北面从西北至东南一带,群山环绕,呈半月形拱卫港口,自然地理条件极为优越,实属天然军港之最佳地点。清政府从1880年起,苦心经营10余年,耗费无数白银,修建船坞。在东西两岸,修筑炮台、堡垒,设置360度旋转大炮。东炮台群计有松树山、二龙山、鸡冠山炮台,并在松树山以东、二龙山以西、鸡冠山以西设立临时炮台;西炮台群由椅子山、案子山、望台北炮台等组成。在这些炮台中,以黄金山炮台最为坚固,配置了360度旋转大炮,如从海上攻击极为困难。各路炮台均建于群山之上,"连络不断"。爱国诗人黄遵宪曾写诗称赞旅顺口的险要坚固:"海水一泓烟九点,壮哉此地实天险!炮台屹立如虎阚,红衣大将威望严。"可见其何等坚固。其时,驻防旅顺的清军加上自金州撤回的徐邦道部和连顺部,总兵力已近1.5万余人,如各将同心协力,旅顺足可坚守。李鸿章也把保住旅顺的希望寄托在"诸将才能"身上。他致电旅顺清军统帅、前敌营务处道员兼船坞工程总办、代北洋大臣节度的龚照玙,要求龚与诸将协商,明确此战,"系背水阵,除同心合力战守外,别无他法"。但龚照玙并不与诸将认真商议如何防守,而是畏敌如虎,屡思逃跑。在11月6日金州失守的当天晚上,他以"商运粮米"为借口,突然乘鱼雷艇赴烟台,因做贼心虚,不敢会见时在烟台的山东巡抚李秉衡,以致被李奏参。此后,他又以"请援"

为名改乘商船跑到天津。龚此番临阵脱逃，在旅顺造成极坏影响，士兵人心浮动，船坞局及水旱雷学生、军械局自委员以下纷纷逃走。西岸旱雷队长张启林竟把电箱损坏，带水勇4人逃走。后李鸿章严饬龚"即日回防，激励诸将同志固守"，龚才被迫返回。但如此贪生怕死之人焉能联络清军同心固守！驻守旅顺的清军5位统领，总兵姜桂题，记名提督黄仕林、程允和、卫汝成和记名总兵张光前，再加上赵怀业和徐邦道，共7位将官，且又不相统属，各行其是，当面临日军进攻的危急时刻，又一次出现了类似"平壤战役"清军"有将无帅"的局面。在商议防守事务时，面对诸将消极避战，徐邦道极为义愤，虽以新败之军，仍慨然请战，力主在旅顺北之要地土城子设埋伏，以逸待劳，截杀日军。徐邦道慷慨动容，言辞激烈高昂，历数主动击敌之必要，恳切希望众将一同前往杀敌。而各位统领却装聋作哑，默不作声，不愿前往助战杀敌。徐邦道激于义愤，竟然独自率所部进抵土城子。卫汝成被徐邦道的爱国杀敌精神感动，率部前往助战。

11月15日，日军第二军进逼旅顺。连日大胜，使日军官兵骄横跋扈，不可一世。18日上午10时，秋山好古少佐率日军前锋第一骑兵大队耀武扬威，蜂拥而来，进抵土城子，日军突然发现数百名清军出现在前方阵地。根据以往经验，日军认为只要稍作攻击，清军就会败逃狂奔，所以，没有把眼前的清军放在眼里，对进攻也并未作精心准备。10时30分左右，清军阵地突然响起冲锋军号，清军步兵向正在准备进攻的日军发起冲锋,漫山遍野,潮水般扑向日军,清军骑兵也从两翼同时杀出,包抄日军后路。冲锋的清军士兵士气旺盛,动作神勇,转瞬之间,即杀到阵前与日军展开肉搏战。战场上刀枪并举,枪弹横飞。清军由于在数量上占有优势,加上士兵系徐邦道旧部,骁勇善战,团团围住日军,猛攻不已。日军遭此突然袭击,措手不及,伤亡惨重,左冲右突不得脱逃。秋山少佐急忙派人冲出重围,向后续日军第三联队第一大队的丸井正亚少佐求援,丸井急忙率部赶来营救。不料,援军又被清军包围在长岭子地区,不得前进。中午,清军在长岭子以南约2公里的东北沟东南高地上架炮猛轰日军,步、骑兵在炮火掩护下,联合发起冲锋。士兵人人奋勇,个个争先,军旗手高擎红白、红蓝旗帜,冲锋在最前面。战场上,炮声如雷、枪弹如雨,硝烟弥漫,杀声震天。日军自入侵中国以来在战场上历经十数仗,未见过如此阵势,纷纷抛弃伤员、死尸,大败而逃。伤兵逃不走的,有的剖腹自杀,有的"自割喉咙而死"。秋山好古在卫兵保护下侥幸逃得性命。土城子之战是甲午战争期间清军在陆战中的一次较大胜利,毙伤敌近60名,沉重打击了侵略军的嚣张气焰,粉碎了日军不可战胜的神话。战后,日军也不得不承认:今后在与清军交战中,要"慎重戒备","决不能妄加蔑视"。清军此役获胜,证明只要指挥得当,配合有力,战胜日军绝非幻想。激战中,尤以徐邦道部出力最大,伤亡也最大。徐部自金州撤回后,来不及休整,此次又鏖战约6个小时,士兵饥饿疲惫,水米未沽。如不撤回旅顺，竟连一顿饱饭都不能吃上。可憎的是后路诸将消极避战，拒不接应，致土城子战役的胜果无法巩固。徐邦道被逼无奈，遂放弃土城子，班师回旅顺休整。后日军卷土重来，旅顺直接暴露在进攻日军的眼皮底下。

7. 旅顺喋血

11月21日凌晨6时50分，日军第二军分左、右两翼及骑兵搜索队三路向旅顺发起总攻。以第一师团及混成第十二旅团组成的右翼部队，主攻旅顺西北的椅子山、案子山炮台。日军集中山炮、野炮、攻城炮40余门，狂轰滥炸。清军也集中炮火，全力组织还击，黄金山、馒头山等海岸炮台也发炮助战，炮战相持约一个小时，"似有天柱为之崩塌、地维为之碎裂之势"。日军利用炮火掩护，步兵逐渐逼近椅子山炮台。清军士兵也猛烈射杀进犯日军，并用机关炮平射日军步兵。但日军依仗人多，击垮一批，又拥上一股，有的士兵甚至已冲到炮台近前。清军士卒冒着日军射来的密集弹雨，跃出炮台，与日军展开浴血搏战，战场上刀来枪往，喊杀声震动四野。激战多时，日军后续部队源源不断，蜂拥上来，清军寡不敌众，大部分士兵壮烈牺牲。8时15分，椅子山、案子山炮台失守。日军乘势进攻，连占松树山、二龙山、鸡冠山等炮台。自土城子退守此地的徐邦道，率部拼力死战，殊死搏杀，虽"仅剩十余人，犹战不已"，最后只得退入市区。此时，另外几位清军统领早已先后逃走，龚照玙则乘船逃往烟台。战至中午，后路炮台全部失陷。

自中午开始，日军向海岸炮台及旅顺市区推进，在海上联合舰队强大炮火支援下，很快占领东岸炮台。战至夜间，西岸炮台清军撤走。徐邦道孤力难支，率部乘夜色掩护退走。至此，旅顺口全部陷落。日军夺取各炮台各式火炮140余门，弹药、粮饷等军用物资无数，而仅付出死60余人、伤350余人、失踪7人的微小代价。此次战役，清军无论在火炮数量、质量，士兵数量上都占有优势，更有多年经营的坚固炮台堡垒为掩护，却一日而丢旅顺。此中虽然有缺乏协调统一指挥，大部分将领畏敌如虎，消极防御，士兵有相当部分属新募之旅，不熟悉战阵，缺乏训练等原因，但更主要的则是李鸿章的"消极防御"、"保船制敌"的错误方针造成的。早在日军占领金州、大连湾，旅顺告急之时，北洋舰队提督丁汝昌亲赴天津向李鸿章面陈，愿率舰队支援旅顺，与来犯日军决战于海上。李鸿章却对丁汝昌的请求断然拒绝，并斥责丁"汝善在威海守汝数只船勿失，余非汝事也"，再次断送了陆海军配合击敌的大好时机。而当前敌情况危急之际，把持朝政的那拉氏却正在紫禁城内升殿接受群臣祝贺，并连续赏戏三天，诸事不问。如此昏庸腐朽的朝廷，前方军队焉有不败之理。战后，为推卸失败责任，以掩世人耳目，清廷将姜桂题、程允和、张光前革职留用，龚照玙和黄仕林定斩监候，因没有抓到卫汝成及赵怀业，就查抄了二人的家产。当然，这仅仅是清廷自中日战争以来多次透过于臣僚的故伎重演罢了。

日军占领旅顺后,兽性大发,一连4天,血洗全城。惨无人道的日军士兵一闯进城中,凡遇居民,无论男女老幼见人就杀,见东西就抢。兽兵们把大群逃难百姓赶进一池塘,枪刺刀砍,放枪打活靶,百姓死伤无数,鲜血染红了池水。据当时在旅顺的一位名叫艾伦的英国人记述:破城之日,城中到处是狂奔的难民,日本士兵用枪杆和刺刀对付所有的人,对跌倒的人更是凶狠地乱刺,用排枪向胡同里的难民扫射,到处是枪声、呼喊声、尖厉的叫声和呻吟声,地上浸透着血水,遍地躺卧着肢残体缺的尸体,有些胡同竟被尸体完全堵塞了。美国《纽约世界》记者克里曼从旅顺发回国内的一篇通讯,描述了当时旅顺的情景:"我亲眼看见旅顺难民并未抵抗日军,一老人被反绑于街头,日军士兵开枪击中其胸部,鲜血从老人的胸中涌出,日军不但没有丝毫的怜悯,反而再次向他开枪,并且唾其面,且嘲笑之。一次,见到两名日军士兵俯身于一死尸旁,我深感诧异,只见其中一名士兵手执一把长刀,正在将死尸剖腹,剜出其心脏,一见我等,即欲四处躲藏。"日军统帅及其下属军官,并非不知道连日发生在旅顺的大屠杀。就连亲日的英国知名法学权威胡兰德博士也不得不承认"在这次屠杀中,能够幸免于难的中国人,全市中只剩三十六人,这三十六人,完全是为驱使他们掩埋其同胞的尸体而被留下的,他们的帽子上粘有'勿杀此人'的标记,才得免死"。城中满街是横七竖八的尸体,街道及居民房屋内到处流淌着无辜民众的鲜血,昔日繁华的旅顺,经此浩劫,几成一座空城。战后,旅顺大屠杀的幸存者也纷纷控诉日军暴行,指出残暴的日军用枪击、刀刺、剑砍、火烧、砍头、剖腹、挖心、腰斩、肢解、水淹等惨绝人寰的方式屠杀手无寸铁的居民。就连日本称之为盟友的美国,也在报刊发表文章,指责"日本国为蒙文明皮肤,具野兽筋骨之怪兽"。日本政府对此讳莫如深,竭力掩盖,百般诡辩。但是,日军在旅顺犯下的滔天罪行,欠下中国人民的这笔难偿血债,是永远也抹杀和抵赖不了的,它必将牢牢钉刻在历史的耻辱柱上。

五　鏖战山东　北洋舰队全军覆灭

日军登陆荣成湾

清军在辽东半岛虽然丧师失地，但整体防御能力并未被完全摧毁，主战派在清政府仍有相当势力。为实现决战直隶平原的计划，进一步逼迫清政府投降，日本大本营经过反复谋划，选择山东半岛为突破口，其目的在于占领威海卫，封锁渤海湾，消灭北洋舰队，从根本上摧毁清军的防御力量。侵略方案甫定，大本营即以第二军第二师团和在日本本土的第六师团合编成"山东作战军"，由大山岩指挥，实施在山东半岛的登陆作战。经过反复侦察、精心挑选，伊东祐亨与大山岩选中了山东半岛成山角西南方一个叫荣成湾的海湾作为登陆地点。

荣成湾西距威海卫水路约 30 公里，湾口十分宽阔，水底为泥沙，北岸有近 1000 米长的沙地，汽艇可直驶至距岸边 3 米的地方，舢板更是可以直接靠岸。且沿岸多丘陵，易于抢占。早在 1888 年 12 月，日本海军大尉关文炳就受日本参谋部指令，到威海卫等地侦察。在70多天的侦察中，他写了一份报告《关于威海卫及荣成湾之意见书》，称荣成湾，中国人叫做"养鱼池水口"，湾口宽阔，底为沉沙，"无论遇到何等强烈之西北风天气，舰船亦可安全锚泊。况且，本湾位于直隶海峡外侧之偏僻海隅，一旦清国与外国发生海战，即成为军事重地"。他建议"欲攻占威海卫，争先取该湾以为基地"。有了这个前提，伊东祐亨又派八重山舰长平山藤次郎海军大佐实地勘察，果然证实了关文炳的报告，这里不仅有平坦的沙滩，便于登陆汽艇靠岸，更重要的是此地距威海卫仅几十公里，登陆日军可转瞬攻击威海卫。种种有利条件，促使伊东祐亨与大山岩下了最后的决心。

　　1895年1月19日，日本海军调动了几乎全部力量即25艘军舰，实施登陆掩护，另拨出50艘运兵船分三批从大连湾出发。20日拂晓，驶抵荣成湾。此时，天空飘着雨雪，大地白茫茫一片，日军先头部队登陆侦察地形，被驻防清军哨兵发现，清军随即开枪射击。日兵急速逃回并发出求援火箭。日舰遂排成横阵，用舰炮向岸上猛烈轰击两个多小时，日军大队开始登陆。驻防此地未经正式训练过的数百河防营士卒早在日军炮击之始，即四处溃散。少部驻防清军也纷纷撤走。日军登陆，全无阻碍。五天之内，在未受到清军任何攻击、干扰的情况下，日军3.5万人、战马3800匹登岸，并迅速进兵，占领荣成县，实现了登陆山东半岛的目的。

清政府，特别是主持北洋军务的李鸿章，始终没能拿出一个成熟的见解和切实可行的方案，在日军登陆前后的关键时刻，朝中大臣们仍坐而论道，纸上谈兵，有的大臣主张袭击日军运兵船，不让日军登陆，有的大臣如张之洞和刘坤一等，主张增援威海后防。丁汝昌则认为与其坐等围攻，不如主动出击，截杀日军，决战于海上。而主管北洋事务的李鸿章，始终不能拿出一个成见。最初，他希望将海军撤往烟台。几天后，他又发电给丁汝昌，要求丁率舰队"出海拼战，即战不胜，或能留铁舰退至烟台"。在与刘坤一磋商后，他又改变主意，致电丁汝昌，要求丁率北洋舰队死守威海。此时的李鸿章仍是那套"避战保船"的指导思想，严令丁汝昌"不许出战，不得擅离威海一步"，并威胁说，如有"违令出战，虽胜亦罪"，并告丁汝昌"望保全铁舰"，执意死守，从而完全错过了阻击日军登陆的大好时机。就连伊东祐亨事后也承认，如果清廷能派丁汝昌率北洋舰队前来袭击，"我军岂能安全上陆"。这是李鸿章的又一次失算，而这次失算，直接断送了山东半岛，断送了北洋舰队。

② 南北帮炮台陷落

　　威海卫位于山东半岛的东北端，与辽东半岛的旅顺口隔海相望，共扼渤海门户，同为拱卫渤海湾的锁钥。明代开国皇帝朱元璋时期，为防御倭寇的骚扰，曾在此处设卫，名威海卫。威海卫城三面环山，背后峰峦叠嶂，南北两岸山势险峻，向东伸出突入海中，形成天然保护屏障，实为难得的天然良港。而刘公岛则巍然屹立于港口中央，将海港分为南北两口，巨舰出入，畅行无阻，并与南部日岛、西部黄岛构成威海卫港的天然屏障。威海卫港自然地理条件夺天工造化，是军港的最佳地点。刘公岛上设有北洋水师提督署、水师公所、水师学堂、兵营、制造局、鱼雷局、医院等重要军事设施。刘公岛与黄岛之间修筑了大堤。岛西设有船坞，岛南设有铁码头。在威海卫港南北岸设置陆路及海岸炮台多座，称南帮炮台和北帮炮台。在刘公岛、日岛、黄岛也花费巨大力量修筑炮台，装备了从德国克虏伯厂和英国阿姆斯特朗厂购买的新式大炮。还在公所后炮台和日岛修建"暗台"，即交战时大炮可以从地下井中升至地面，"圆转自如，四面环击"，交战后，又退回井中，"敌人无从窥，炮弹不能及"。为弥补后防空虚，充实南北岸炮台后路，还在陆路增建多座临时炮台。至战前，威海卫防区共建有各类炮台25座。并在海港东、西两口敷设水雷和拦阻设施，用铁索将直径一尺半、长一丈的方圆木材连接起来，每隔一定距离用巨绳系于海底，以防风浪和潮水的冲击。各式水雷则遍布于防材附近。由于南口过于宽敞，为防备日艇夜间偷袭，将南口完全堵死，只在北口留一活动门，平时关闭，用时打开。为加强统一指挥，李鸿章又任命前署广西巡抚臬司李秉衡为山东巡抚，主持威海卫防务。李秉衡到任后，大力招募兵将，整顿防务，至战前，山东半岛的清军总兵力已达60营计

3万余人。但以此兵力防守自成山角至烟台的300里长的防线，确感单薄。加之难以判定日军的准确登陆地点，李巡抚就采取了分兵驻防要地的办法，将这3万余人，分别摆列在防线的重要地段上。这样，就使本已不足的兵力更显捉襟见肘，整个防御陷于处处被动、处处挨打的境地。

1895年1月25日，日军分左、右两路进犯威海卫，欲从后路抄袭威海卫城和北岸炮台。威海卫海岸炮台系德国人汉纳根设计，在设计上存在着严重缺陷，其致命弱点是后路没有防御设施。而日军也正是利用了威海卫防御体系上的这一致命薄弱环节，从后路包抄进攻。日军以右纵队沿荣成至威海大道经九家疃，进犯南帮炮台。左纵队沿荣成至烟台大道，进攻温泉汤一带，切断南帮炮台后路。海军联合舰队则正面进攻海港，配合陆路进攻，以期全歼北洋舰队。后来的事实发展证明，日军的这一策略是奏效的。

1月30日拂晓，日军对南帮炮台发起总攻，联合舰队也从海上发炮助攻。右纵队日军又分左、右翼，猛扑威海卫南岸的制高点——摩天岭。陆军少将大寺安纯指挥左翼第十一旅团士兵，向清军营官周家恩指挥的守军猛烈进攻。摩天岭地势险要，是群山中的最高山峰，"炮垒峨峨，高耸入云，仰头才能望到"，是整个南帮炮台防御战的关键。清军由于防守兵力过于分散，没有突出重点，驻防此地的仅有一个营，士兵为新近招募而来的，仅配有8厘米的行营炮8门。而就是这一个营，与数倍于己的日军展开了殊死战斗。

开战之初，日军先头部队踏响清军预先埋设的地雷，死伤严重，进攻受挫。日军见正面强攻难于得手，转而先攻下摩天岭西侧山头，再向摩天岭发炮轰击，步兵也连续发起进攻。日军三次爬上摩天岭炮台，与清军展开肉搏，又三次被清军赶下炮台。台上"清军大旗倒了三回，硬是竖起了三回"。日军虽几度冲锋受挫，却仍依仗人多势众，冲锋如涨潮的海水一般，一浪连着一浪。周家恩虽率部血战，终于寡不敌众，所部全部壮烈牺牲。摩天岭炮台在整个南帮炮台中占有举足轻重的位置，它的陷落，使驻防南帮炮台的清军失去了制高点，整个南帮炮台防守也更加困难。日军在付出重大代价后，终于占据重地，负责指挥的大寺安纯少将得意忘形，踏上炮台，指手画脚，耀武扬威。适此时停泊在港内的北洋舰队驰来增援南帮炮台守军，忽见摩天岭炮台挂起日军旗帜，定远等舰立即向摩天岭日军发炮轰击，一发炮弹洞穿大寺安纯胸部，立毙。这个被日本帝国誉为"一代良将"的大寺安纯，成为在甲午战争中第一个被清军击毙的日本将军。日本《二六新报》的随军记者远藤飞云也中炮毙命。

30日上午8时，占领摩天岭炮台的日军，立即使用炮台上的清军大炮，居高临下，向清军驻守的杨枫岭炮台猛烈轰击，掩护日军步兵的进攻。驻守杨枫岭炮台的清军，也仅有一营兵力，在副将陈万清指挥下，奋起抵抗。与此同时，清军南岸炮台中的三个海岸炮台皂埠嘴、鹿角嘴、龙庙嘴也发炮轰击日军，北洋舰队定远等舰也驶近南岸，开炮猛击进攻日军，以支援陈万清部。一时间，炮弹横空纷飞，飞弹急如骤雨。激战多时，日军的冲锋被一次次打退，官兵死伤惨重。清军也伤亡过半，但毫不退却，仍拼力死守。战至中午11时许，炮台弹药库被日军炮弹击中，起火爆炸。炮台上一片火海，难以再守，清军被迫放弃，杨枫岭炮台遂告陷落。日军占领南帮陆路炮台后，立即对三个海岸炮台发起攻击。

由于陆路炮台失陷，本来后防就十分空虚的三座海岸炮台，越发孤立危险。设计上的缺陷，此时暴露无遗，一旦日军从后面进攻，则炮台几无防御能力。龙庙嘴炮台深据海港内部，仅有守军40余人，形同虚设，一旦失守，日军可利用龙庙嘴炮台大炮直接射击港内北洋舰队及刘公岛守军。果然，日军发现了清军防御中的这一薄弱环节，集中兵力猛攻龙庙嘴炮台。龙庙嘴炮台位于摩天岭西北，几乎没有外围防御设施，炮台前沿既无高墙屏障，又无地沟保护，守将刘超佩甫一开战，即逃往刘公岛。唯有40余名清军士兵死守不退，先是发炮轰击日军，继而又刀枪并举，与攻入炮台的敌人展开白刃格斗，情景异常惨烈，场面惊心动魄。鏖战多时，怎奈寡不敌众，最后全部壮烈牺牲，炮台随即失陷。日军登上炮台，立刻使用该台大炮，向鹿角嘴炮台猛烈轰击，继而步兵发起冲锋。由于鹿角嘴炮台守军既无步枪，又未配备机动小炮，巨炮在如此近距离内对进攻之敌形成死角，根本无法发挥作用，很快，亦告失守。日军在占领了龙庙嘴、鹿角嘴炮台后，开始海陆夹攻皂埠嘴炮台。

皂埠嘴炮台是威海最大的炮台，设有28厘米及24厘米德国造克虏伯大炮共5门，火力强大。日军在舰炮的掩护下，分兵多路，从几个方向猛攻炮台。激战良久，守台清军将士大部阵亡，日军开始攀登炮台。眼见炮台即将落入敌手，丁汝昌早就选派一队敢死士兵，计25名，冒着浓烟烈火登岸，奋勇冲上炮台，装填炸药炸炮。但见硝烟散处，日本旗帜刚刚在炮台竖起，日军官兵正手舞足蹈庆贺胜利之际，即闻巨响，山石横飞，连同日军士兵一起，冲上半空。仅剩的8名清军敢死队员，飞速登上岸边小艇，刚刚驶离，炸起飞落的巨石即轰然砸在小艇刚刚停泊的位置上，激起冲天水柱，场面惊心动魄，蔚为壮观。此时，在海湾战舰上用望远镜观战的西方海军，也为北洋舰队士兵英勇果敢的壮举惊得目瞪口呆。南帮炮台失守，清军死亡达800余名，另有50余名被俘。广丙舰帮带大副都司黄祖莲在炮战中奋勇作战，不幸中炮阵亡。这位在黄海大海战中立下战功的将领，为国洒尽了最后一滴血。日军虽占得炮台，也付出惨重代价，死伤近230人。

　　日军夺得南岸炮台后，立即抢修大炮，猛轰港内之北洋各舰，除镇远舰事先因故受伤外，定远、济远、来远三舰奋勇还击，双方展开了激烈的炮战。北洋三舰巨炮，倾泻如雨弹丸，日军占据的炮台完全笼罩在硝烟及爆炸的火光中，在震耳欲聋的爆炸声中，只见炮台上乱石、树木、弹片上下翻飞，日军士兵身首异处，血肉横飞，大炮亦被炸坏。日军被迫停止炮击。

当双方炮击正酣时,从南帮炮台下撤的清军约 800 名被日军围困在海埠、城子和沟北村一带。营管陈万清虽身负重伤,仍坚持指挥士卒奋勇突围而出。几十名自愿担任掩护的清军士卒,弹药用尽而不甘被俘虏受辱,毅然跳入岸边的船坞中,壮烈捐躯。皂埠嘴炮台的失守,标志着南帮炮台也无地可守。丁汝昌无奈,只得撤往刘公岛。威海卫港保卫战,由此进入了最后的也是最为激烈的阶段。

2月1日,日军吸取了进攻凤林集时遭北洋舰队炮轰损失惨重的教训,转而从西面迂回进攻威海卫城。午后1时,由伏见贞爱亲王指挥的日军第二师团第四混成旅团开始向威海卫西路的清军阵地发动进攻,大批日军士兵拥上结冰的双岛河,顶风冒雪,号叫着扑向孙万龄部防守的河南岸。被一连串胜利刺激得狂妄已极的日军士兵忽略了坚如铁滑如镜的宽阔冰面,加之寒风挟着大雪扑面而来,连眼睛也睁不开,冲锋兵卒一步一跤,行进极为迟缓。此时,孙万龄抖擞精神,指挥清军士兵集中火力,猛烈阻击。日军多次冲锋,均被击退,自称"死伤四十五名",而实际上远远不止这个数字,仅遗失的洋枪就达 479 支。面对如此大好的战场形势,清军本应乘胜追击,但驻防侧翼的阎德胜贪生怕死,畏敌如虎,见日军来势汹汹,并不指挥士卒认真阻击,却于激战正酣之际,不顾战场大好形势,竟自率部撤走,以致侧翼阵地被敌突破,清军防线全线动摇,孙万龄不支而退走。双岛河战役的胜利果实遂付之东流。

日军渡河后，顺利地占领早被清军弃守的威海卫城。兽兵进入城内，烧杀抢掠，无恶不作。这是日军继制造了旅顺血案后，欠下中国人民的又一笔血债。兽兵们自拥入威海卫城开始，就挨家挨户地疯狂抢劫，奸淫烧杀，"操戈入室，持刀登堂，拆毁我房屋，搜取我衣裳，糟蹋我黍稷稻粱，屠杀我鸡犬牛羊。一至黄昏，四起火光"。老百姓们"或以子救父而首犯锋芒，或以弟救兄而身被旗枪，或被发缨冠以救乡邻，不转瞬而仆尸道旁"。日军制造了无数起骇人听闻的惨案。为征用农夫，运输抢来的东西，又用残酷手段，残害不愿为日军出力的威海百姓。在长峰村、九家疃村、海埠村制造了一连串的集体屠杀血案，罪行累累，令人发指。

日军占领威海卫城后，旋分兵攻打北帮炮台。北帮炮台居于威海卫城东北，自西向东，依次为祭祀台、黄泥沟、北山嘴三座炮台，地势险要，工事坚固，与刘公岛相距仅4里，干系重大。丁汝昌派广甲舰管带吴敬荣率水手200多名协助戴宗骞的绥军镇守。戴宗骞，以镇压捻军起家，是个贪婪狡猾、贪生怕死的无耻之徒。在日军进攻南北帮炮台之前，竟将平日剥削士兵得来的8000两白银偷偷运到烟台，由其儿子带往安徽老家。由于他平日不作训练，士兵临战，纷纷哗变。至2月1日日军进攻时，身边仅剩10余名亲兵。前来助战的广甲舰200名水手也随之溃散。丁汝昌怕北帮炮台大炮落入敌手，遂命敢死队员将炮台弹药库炸毁，并将戴宗骞押往刘公岛。戴自知罪行深重，服毒自杀。北帮炮台不战而落入敌手。

3 殊死搏斗

随着南北帮炮台的失守,港口进出口又被日本联合舰队封锁,北洋舰队被困港中,与外界联系断绝,形势非常严峻。刘公岛保卫战,成为事关北洋舰队生死存亡的关键。狡猾的日军指挥官多次领教了北洋舰队的厉害,为避免更大伤亡,大耍两面派伎俩。联合舰队司令伊东祐亨致信丁汝昌"劝降",要求丁汝昌效法中国历史上"乐毅去燕降赵"、"李陵投降单于"的故事,率北洋舰队投降,信中还大肆宣扬投降有理、归顺有功的谬论。丁汝昌对此不屑一顾,立即将信呈送李鸿章,以表示自己对国家的赤胆忠心。伊东见劝降不成,恼羞成怒,于1月30日指挥海军侵犯刘公岛及港内北洋各舰,日本陆军也同时向威海卫城发起攻击,最后的决战开始了。

早在日军水陆夹攻南岸炮台之际,丁汝昌即将北洋舰队分为两队。丁本人亲登靖远舰,指挥镇南、镇西、镇北、镇边诸舰支援南岸炮台;其余各舰为一队,协同刘公岛、日岛炮台守军防守威海南北两口,严防日本舰队偷袭。随着南北帮炮台的相继失守,刘公岛、日岛的防守已十分艰难。尽管丁汝昌事先曾预存一月粮食于刘公岛,并几次派人炸毁南北帮行将落入敌手的炮台大炮,以免为敌所用,尽管北洋舰队官兵同仇敌忾,誓死抵抗,但日军毕竟人多势众,又连夜抢修炮台大炮,转而轰击清军及港内北洋各舰,刘公岛及北洋舰队处境已十分危急。2月3日上午10时，日舰从海上向刘公岛的东泓炮台开炮轰击，陆上日军也动用修好的炮台大炮从陆路及三个海岸炮台发炮助攻。丁汝昌等指挥刘公岛守军及北洋各舰，沉着发炮，奋勇还击，炮战异常激烈，山间、海面、炮台、军舰，到处是纷飞的炮弹，响彻炮弹尖厉的呼啸声，大地在炮弹爆炸声中抖动，海水被炮弹打得如同沸腾的热泉，海面上到处是炮弹激起的冲天水柱。激战整日，清军重创日舰筑紫号，炮弹从左舷穿透中甲板，又从右舷穿出落入海中，打死士兵3人，打伤3人，并使舰体严重毁坏。葛城号也被清军炮弹击中。日军始终无法冲进威海卫口，只得退走。

伊东见强攻不成，遂改变了策略，采用白天舰队佯攻，夜间用鱼雷艇偷袭的办法。2月4日，白天，伊东仍命各舰驶往威海外海，往来横行，大张声势。入夜，将鱼雷艇悄悄埋伏在威海南口右侧的阴山口，先令一艇摸至威海港南口，派水兵用铁斧砸断防口拦坝钢索，打开一个缺口。5日凌晨，当一轮明月转入威海里口山背后，皎洁的月光被大山遮掩，港内一片漆黑之际，按照事先安排，日军以第一鱼雷艇队为掩护，分别由6艘和4艘鱼雷艇组成的第二、三突击队，自缺口处悄无声息地摸入港内。由于黑夜目标难辨，日艇几次发射鱼雷，均未击中目标。此时，港内北洋舰队发现日艇偷袭，立即发炮射击。丁汝昌此刻正在定远舰上与诸将议事，一闻警报，立即登上甲板，亲自查看。由于北洋各舰舰炮齐发，烟雾加上黑夜，港内漆黑一片，无法搞清来偷袭日艇的准确方位，丁汝昌命令停止炮击，等到硝烟散去，才看清来袭日艇方位，且一艘日艇已迫近定远舰。丁汝昌急令开炮，定远舰一炮击中敌艇，将其炸碎。不料，敌艇已先行施放鱼雷，仅几秒钟，定远舰底突然发出一声巨响，舰身急剧抖动，升降口突然涌出大量海水，舰身开始倾斜。为防止定远舰沉没，刘步蟾急令砍断锚链，驶往刘公岛东南海岸浅滩处搁浅，这样既可以不使定远舰沉没，仍可发挥定远舰炮的威力。丁汝昌也移督旗于镇远舰。定远中雷，管带刘步蟾悲愤交加，痛切自责："身为管带，而如此失着，实有渎职之罪，今惟一死谢之！"幸亏丁汝昌百般劝慰方止。次日，伊东祐亨从望远镜中看到有汽艇正在从定远舰上搬卸货物，证实了定远被鱼雷击中，认为时机已到，指挥联合舰队全力进攻威海南北两口，以期冲入港内。刘公岛、日岛、北洋舰队将士奋力抵抗，殊死搏斗。鏖战终日，日舰始终没能得手，只得再次退走。

2月6日凌晨，日本鱼雷艇再次偷袭，借黑夜混入港内。北洋舰队的探照灯几次掠过日艇竟未发觉。相反，日艇却借探照灯光看清了北洋各舰的位置，于是，发射鱼雷，击中来远舰。来远中鱼雷后，翻转沉没，舰上将士30余人全部阵亡。训练舰威远号及差船宝筏，也都被鱼雷击中沉没。日艇极力寻找镇远舰，企图将其击沉，几经搜寻，没有发现，而北洋各舰又发炮轰击，日艇才趁黑夜溜走。当日下午，日舰大队再次驶近威海，发炮猛轰，岸上日军也从炮台上发炮助战。北洋舰队虽定远搁浅,来远沉没,但将士在丁汝昌等指挥下,殊死抵抗,济远、靖远、平远、广丙与刘公岛、日岛炮台守军密切配合,抗击着日军从海上、陆上的猛烈炮火,并用密集火力封锁威海南北进出口,日舰几次试图冲入港口,均被击退。

7日,伊东祐亨下达对刘公岛的总攻击令,以期一举拿下刘公岛,全歼北洋舰队。晨7时半,战斗打响,由于清军猛烈抵抗,开战不久,日舰松岛号即被炮弹击中。不久,桥立、严岛、秋津洲、浪速等舰也相继中炮,日舰攻击势头遭受严重挫折。不料,北洋舰队鱼雷艇队管带王平及福龙管带蔡廷干等畏敌如虎,贪生怕死,在战斗最为紧张、激烈的时候,公然率13艘鱼雷艇逃出威海北口,沿海岸向西奔逃。正在进攻的日舰队突然发现大批鱼雷艇冲出港口,伊东大吃一惊,以为北洋舰队前来拼命,急令各舰加强防卫。不久,却发现各艇并非前来交战,而是转舵奔逃,遂长出一口气,急令航速快的第一游击队吉野、高千穗等4舰追击。结果,出逃的13艘鱼雷艇,只有王平率左一号鱼雷艇逃回烟台,其余的或被击沉或被俘虏。鱼雷艇队的覆灭,使北洋舰队丧失了海战的有生力量,处境更加危险。7日当天,在北洋将士的顽强抗击下,终于再次击退日舰进攻。

同一天,日军左路攻击部队向日岛炮台发动猛攻。日岛炮台居于威海港南口水域的中间,四面皆为汪洋,毫无遮拦屏障依托,宛如中流砥柱,屹立于港南口。全岛共有2座地阱炮及6门小火炮,防守炮台的,只有康济舰管带萨镇冰统领的30名水手。萨镇冰,字鼎铭,福建福州人。1869年考入福州船政学堂,学习驾驶。后入英国格林尼次海军学校学习。1881年,任南洋水师"澄庆"炮船大副。后调入北洋任天津水师学堂教习。1887年任康济舰管带。此次镇守日岛炮台,萨镇冰深感责任重大,日夜督促军卒坚守,毫不松懈。随着形势日益紧张,萨镇冰更是席不暇暖、夜不稍寐。夫人陈氏携子来威海探望,正欲登舰,却被他下令撤去扶梯而不得相见,大哭而回。同年9月,陈氏抱憾病故,年仅38岁。萨镇冰眷恋妻子深情,誓不再娶。刘公岛、日岛保卫战从1月30日打响后,萨镇冰身先士卒,表现神勇,多次亲自操一门速射炮,连续奋勇还击。士兵们在他带领下,同仇敌忾,顽强作战,多次打退日舰进攻。2月7日,日舰14艘轮番冲击日岛炮台,凶猛炮轰。水兵们负伤不下战场,顽强操炮还击,敌舰桥立、严岛、浪速先后中弹。就在战斗呈胶着状态之际,鱼雷艇队出逃,牵乱了整个战局。在日军持续不断的水陆夹攻下,一座地阱炮被炸毁,由于阵地狭小,被毁的大炮又偏偏妨碍了其余大炮的操作,弹药库也被日军炮弹击中爆炸。丁汝昌决定弃守。萨镇冰率余部撤到刘公岛。

8日起,日军采用围困的战术,水陆两路轮番进攻,动用所有陆路大炮和海上舰炮,对刘公岛及港内北洋各舰,狂轰滥炸,密集的炮火连续击伤靖远等舰,击毁刘公岛上的水师学堂、机器厂、煤厂、民房等,士兵平民伤亡无数。港内仅存镇远、济远、平远、广丙4艘战舰，炮艇6艘即镇东、镇西、镇南、镇北、镇中、镇边及训练舰康济号，总计11艘。此时，刘公岛上弹药将尽，各炮台大批士兵撤入刘公岛，使得本已不足的存粮告罄，更加严重的是，由于一些败类的蛊惑，军心动摇，丁汝昌已难以控制。

4 悲壮的结局

早在2月8日，北洋舰队内一部分洋雇员就已开会酝酿投降之事，并推定远副管驾英国人泰莱和教习、德国人瑞乃尔向丁汝昌"劝降"。而实际上策划此事的主谋，是总教习英国人马格禄和美国人浩威。北洋海军威海营务处提调道员牛昶昞，也是投降叛变的积极参与者。泰莱和瑞乃尔的劝降，遭丁汝昌的严词拒绝，断然言道："我必先死，断不能坐睹此事！"为避免巨舰落入敌手，丁汝昌派人于9日炸沉已搁浅的靖远、定远舰。10日，刘步蟾在极度悲愤中自杀，实现了自己"苟丧舰，将自裁"的诺言。时人称其"志节懔然，无愧舍生取义"。在整个威海卫的防卫战中，丁汝昌恪尽职守，联络各军，"总期合防同心，一力固守"，他的表率作用，在一定程度上稳定了威海卫的局势，故在交战前几天，清军防守较为成功。随着战事发展，光靠威海卫现有的力量没有外援，是难以挽回威海卫的局势了。11日，是丁汝昌所许守岛待援的最后期限，晚间，得到水手回报，方知鱼雷艇管带王平逃到烟台后，谎报刘公岛已经失守，致使援军后撤西去。丁汝昌见毫无希望，乃召集众将会议，主张各将领率北洋所剩各舰，自行突围，以期保存数艘舰只，以备将来再图大事，却遭马格禄、牛昶昞的拒绝。丁汝昌无奈，又提出将镇远炸沉，以免落入敌手。会场一片沉默，诸将无人应声。此时，马格禄、牛昶昞等竟带头离会，众将也随之一哄而散。会后，马、牛二人派兵并持械威胁丁汝昌，要求他向日军投降，遭丁断然拒绝。深夜，马、牛等人又施计煽动水陆兵民至丁汝昌住所前齐声呐喊，"哀求活命"。丁汝昌眼见局势万难逆转，遂派人召牛昶昞来，告之"吾以身殉"，并令其"速将提督印截角作废"，即饮鸦片，自杀而死。一代良将，以死报国，实现了自己"决不弃报国大义，唯一死以尽臣职"的誓言。

丁汝昌死后，牛昶昞毫无顾忌，召集诸将及洋员在家中开会，商议投降事宜。推举护理左翼总兵署理镇远管带杨用霖出头，主持投降事宜。杨当即拒绝，高声朗诵文天祥诗句"人生自古谁无死，留取丹心照汗青"，转回舰舱，"引枪衔口，发弹自击"，慨然殉国，宁死不降。护军统领总兵张文宣也自杀身亡。叛变分子经密谋策划后，由浩威假借丁汝昌名义起草了降书，并商定由广丙舰管带程璧光携降书至日本旗舰。12日上午8时，程璧光乘镇北舰，上插白旗，向伊东祐亨投降。伊东要求于第二天先交出兵船、军械、炮台等。13日凌晨，程璧光再次前往松岛号，以时间仓促为由，恳求伊东宽限3日，伊东同意。下午，在程璧光陪同下，牛昶昞登上松岛舰，开门见山地告知伊东：丁提督已死,"我在刘公岛,丁提督次级也",今特来商议投降之事。在交出刘公岛炮台、军械及北洋剩余各舰等问题上,双方没有异议。次日下午3时,在交出威海海陆军军官、洋员名册及兵勇军属统计表后,经牛昶昞、程璧光等再三恳求,伊东同意将康济舰归还,用来运送丁汝昌等灵柩及海陆将士、洋员去烟台。16日,牛昶昞与伊东祐亨共同签署《威海降约》,共11项,主要内容为:

①北洋水陆军各将官,包括雇佣的西人在内,须注明姓氏职衔,文案及兵勇须开一总数,以便分别遣返。

②中西水陆官员须发誓不再参与战事。

③所有军械应归放一处,并于2月14日开始遣返士兵。

④牛昶昞须于15日中午前将舰中军器、台上炮位清单交给日方,不得遗漏。

⑤中西水陆官员于15日正午以后乘康济舰返回华界。

⑥中西各官准许携带私人物品,但不得携带军器。

⑦刘公岛居住的华人,须安居乐业,不得逃跑。

⑧中西各官须于16日9点以前离开威海;船上水手如愿从陆路撤走,也于15日中午开始。

⑨老幼妇女可乘中国船离开威海,但日军可以搜查。

⑩运送丁汝昌等人遗体的康济舰,至迟于23日中午前离岛,并供中西水陆官员乘坐回华界。

⑪若陆路再行开战，日舰必开炮，此条约即告作废。

17日上午10时30分，日军摆出一副征服者的架势，正式占领威海卫。日本联合舰队大事张扬，举行捕获式，摆开阵势，耀武扬威驶入港口内。此时，港内除康济舰仍悬挂黄龙旗，以载运丁汝昌等人灵柩及遣返将士外，其余10舰都已换上日本旗，编入日本舰队。刘公岛各路炮台也升起日本旗帜。午后4时，冷雨潇潇，康济舰载着丁汝昌、刘步蟾、杨用霖等人灵柩及海陆将官和洋员，伴着哀鸣的汽笛，凄然离开威海军港。至此，历时近1个月的山东半岛战役，以威海卫军港的失陷和北洋舰队的全军覆灭而告结束，昏庸腐败的清政府和李鸿章消极抵抗的"避战保船"思想造成了如此惨重的结局，使得清政府苦心经营十数年的威海军港及北洋舰队毁于一旦。战斗中，虽涌现出一大批抛头洒血、挺身御侮的民族英雄，但终于无力回天，到头来还是血洒疆场，壮志难酬。清政府经此一败，更加丧失了抵抗信心，主和派开始在朝廷中占据上风。

六 连战连败 清军再失辽河下游

为进一步压迫清政府投降,实现大本营在直隶平原与清军决战的作战方案,1895年2月底,以野津道贯为司令官的日军第一军制定了一个以占领鞍山、牛庄、营口进而囊括辽东广大地区的"辽河平原扫荡作战计划",并得到大本营的"嘉纳"。根据作战部署,第五师团进攻辽阳东南的吉洞峪、隆昌洲,3月1日进抵鞍山南之八盘岭,第三师团由海城北上,占领鞍山南之甘泉堡,两军定于3月2日合攻鞍山站,并在进攻前,发动对辽阳的佯攻,以迷惑清军。

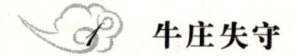

牛庄失守

3月1日,日军进抵八盘岭,遭清军抬枪射击。双方交战不久,清军即先行撤走。当晚,第三师团本部宿营于甘泉堡。2日,日军合攻鞍山站,却发觉清军弃守,不战而得。本来,鞍山站南距海城,北接辽阳,西连牛庄,实为交通要道。驻防此地的清军守将依克唐阿、长顺中了日军佯攻辽阳的诡计，移守辽阳，才使日军得以轻易占据鞍山。3月3日，日军第五、三师团分成左、右纵队，向牛庄急进。

牛庄系辽河下游平原上的一个街镇，没有什么防御工事，清军布防大多以民房等建筑的墙壁作为防御掩体。光绪皇帝鉴于淮军屡败，不堪再用，遂于1895年1月起用湘军，出动6万人，驻扎在山海关内外。任命两江总督刘坤一为钦差大臣，督办东征军务；任命湖南巡抚吴大澂、淮军统领宋庆为副帅，以期重振威风。这是清政府自开战以来最大规模的陆上出兵，也是光绪皇帝对日作战的最后一试。刘坤一是湘军"名将"，素以主战闻名。吴大澂是清流"名士"，也曾多次上奏，坚决主张对日作战。光绪皇帝决定起用他们，是想依靠这些主战名将，一举荡平入侵日军。刘、吴虽为名士，又都以主战著称，但实际上多是纸上谈兵，毫无实际战斗经验，对具体战守并无多少筹划，也没有什么切实可行的作战布置。朝廷在任命统帅后，又相继任命左宗棠部藩司魏光焘、湘军悍将李续宾之子李光久等率兵北援。当日军进攻牛庄时，驻守此地的魏光焘之武威军6营首先投入战斗，随后，李光久率5营老湘军赶到，也投入战斗。这样，在牛庄，11营清军抵抗着两个师团日军的进攻，双方力量悬殊。3月4日上午9时，日军第三师团发起进攻。魏光焘指挥清军隐蔽在街口临时构筑的一尺厚土墙后面，等敌临近，突然发起攻击，枪炮齐发。日军猝不及防，加之地处平坦地区，无任何隐蔽遮拦，伤亡惨重。日军指挥官大岛义昌见前队受挫，恼羞成怒，下令投入两个预备大队，拼命进攻，并集中所有大炮，倾力猛轰。战场上"枪炮声如百雷齐鸣，万狮齐吼，震耳欲聋"。日军发射的榴霰弹在牛庄上空爆炸，整个街镇完全被炮火的硝烟所笼罩。日军依仗人多势众，两面夹攻，如潮水般扑来。清军本来人少，加之鏖战多时，伤亡惨重，又无后援，难以抵挡，终于不支。中午，退入街区，开始巷战。

日军分别从西、西北、东、东北4路攻入牛庄。清军士兵则挨门挨户死守，逐街逐户与日军激烈争夺。市街西南一当铺内设有清军火药库，围墙高大，日军屡攻不下，便纵火焚烧当铺西侧民房，以期烧毁当铺，引爆炸药。清军则拼力死守，毫不退却。日军久攻不下，最后运来两门大炮轰击，弹药库爆炸，清军士兵大部牺牲。战至午夜，清军伤亡过重，所剩无几，再也无力支撑，魏光焘、李光久被迫率余部突围而走。杀红了眼的日军见清军脱围而走，随后紧追不舍。李光久见追兵迫近，便指挥百余名负伤士兵，隐蔽在一个村落的断壁残垣之内，设下埋伏。日军毫无察觉，以为清军已成惊弓之鸟，放心追赶，陷入埋伏圈，遭清军抬枪猛烈射击，瞬间毙命数十人。日军被打得晕头转向，又不知清军伏兵底细，仓皇逃走。李光久方率部安然撤走。零星抵抗直至次日凌晨，牛庄终于失陷。牛庄之战，激烈残酷，历时一昼夜，清军以弱敌强，以5000之众抗击1.2万如狼似虎的日军士兵，结果阵亡官兵1800多人，被俘近700人，损失大炮24

门、步枪1800支、子弹近40万发及大量军需物资。日军也死伤士兵近400人。牛庄一失,营口陷于孤立境地,辽南战场,清军防御已现瓦解之态。

再丢营口、田庄台

就在日军第三、五师团进攻牛庄之际,第一师团也开始准备进攻营口。营口位于辽河南岸,距牛庄45公里,是中国东北地区通商活动的重要口岸。营口北临辽河,西区为商业区,东区有大量外国人居住。炮台则位于市街的西南方,配置有新式克虏伯大炮12门,旧式大炮数十门,并在市街西面和西南面埋设了大量地雷。战前,驻有宋庆指挥下的毅军、铭军、崇武军等50余营,约2万多人。3月5日,因田庄台告急,宋庆留蒋希夷部5营、乔干臣海防军1营计3000余人分守营口市及炮台,其余增援田庄台,使得营口防卫力量陡显单薄。6日,日军分左、右翼直扑营口。蒋希夷率5营清军与日军稍一接触,即全数退往田庄台,其余驻军也纷纷撤走。日军轻而易举地占领营口市区。中午,日军开始进攻炮台,前锋接近炮台时,踏响地雷,两名士兵随着轰然巨响飞向天空。驻守炮台的清军守将乔干臣指挥部下将士,奋勇发炮轰击日军。日军急切不能得手,又见炮台附近遍布地雷,难以再攻,且天近傍晚,遂就地宿营。7日凌晨,日军派工兵切断炮台附近的地雷引线,并于天亮后开始攻击。出乎日军意料的是,驻守炮台的清军已乘黑夜撤走,日军立即占领炮台,营口陷落。45门大炮、150支步枪及大批弹药全部落入日军之手,而日军仅因踏响地雷而死掉2人。

田庄台位于营口北面,是辽河下游的重要水陆码头,为连接山海关、营口、奉天的水陆交通枢纽。田庄台四周为一望无际的茫茫原野,平坦开阔,易守难攻。驻守此地的有宋庆指挥下的马玉昆、宋德胜之毅字军14营,龙殿扬、李家昌、程允和、刘凤清之新毅军25营,张光前之亲庆军5营,刘世俊之嵩武军8营3哨、姜桂题之铭军11营3哨,梁永福之凤字军5营等,合计约69营,2万余人。其中以战斗力最强的马玉昆率部驻防田庄台东北的曹家湾子,姜桂题率部驻守曹家湾子东北一线。清军驻防人数虽然不少,但根本不是日军的对手。日军在接连攻占牛庄、营口后,已对田庄台构成钳形包围态势,日军第一军之第三、五师团和第二军之第一师团,除步兵外还配有骑兵、炮兵、工兵,人数已达2万人,计有3个师团,野津道贯、山地元治、桂太郎、奥保巩等4名中将,以及大岛义昌、大迫尚敏等6名少将参加了田庄台作战。日军配备各式大炮100多门,是清军大炮数量的4倍。日本军方承认"动员军以上的大兵,实际上只有田庄台一战而已"。可见日军对清政府倚重的湘军也给予了足够的重视,投入大兵力,希冀一举击垮清军,彻底打消清政府的反抗念头。从中日双方投入战斗的兵力数量来看,田庄台之役可称得上自甲午战争开战以来双方最大的一次陆上战斗。

3月7日，日军第三师团前锋顶着猛烈的西北风，冒着满天的大雪，向清军阵地进攻。在马玉昆、宋得胜及程允和的顽强阻击下，日军付出伤亡多人的代价，狼狈逃回。次日，日军一改以往先以猛烈炮火轰击，继而步兵轮番冲锋的惯用进攻套路，而是异常小心谨慎，先派出部分兵力，大造进攻声势，发动佯攻。日军此举的目的，意在摸清田庄台清军的兵力分配情况和火力配置。果然，清军错误地认为日军仍沿用老一套进攻路数，故而面对日军冲锋，倾全力还击，不期中了圈套，过早地暴露了自己的火力、兵力配备。在完全摸清清军情况后，日军制定了第一师团为左翼、第五师团为右翼、第三师团担任正面主攻的计划，并调整了炮群的配置。3月9日凌晨，日军对田庄台发起总攻，在大炮猛烈轰击下，拉开了序幕。清军也集中全部大炮，拼力还击。田庄台战场，霎时间炮声惊天动地，"仿佛天柱将裂，地轴已倾"，"万余闪电从辽河两岸腾起，千百声霹雳在硝烟下轰鸣，乾坤一时为之震动"。炮战持续了约1个小时，清军有限的20多门大炮难以抵挡100多门日军大炮的狂轰滥炸，加之过早地暴露了大炮的位置，许多大炮被日军炮弹击中而毁坏，火力逐渐减弱。此时，担任正面主攻的日军第三师团，冲上冰冻坚硬的辽河河面，向清军阵地凶猛扑来。由于河面结冰，冰冷异常，毫无遮挡，且冰面坚滑，难以站立，清军士兵奋力开枪抗击，子弹如狂风骤雨一般，泼向进攻日军，日军冲锋士兵处境极为艰难，伤亡惨重。经过反复冲锋，战至上午10时，才勉强冲上河岸，突破正面河岸防线，冲入市区。第一师团日军在炮火掩护下，绕过辽河，从田庄台西南方向展开进攻，上午9时许，攻入市区，清军退入城中，展开激烈巷战。此时，田庄台中清军士兵，受到日军从南面、西南面的夹攻，双方逐条街道、挨门挨户开始白刃格斗。清军死伤惨重，死尸堆满街道，流血将白雪染红，到处是遗弃的兵器、弹药、被服，并逐渐退向市区东北。日军第五师团此时从东北突入市区。清军三面受敌，"大溃而奔"。宋庆无力回天，只得指挥马玉昆、宋得胜率残部冲出重围，但仍有大批清军将士未能及时脱离。日军吸取在牛庄巷战中损失惨重的教训，不与清军继续进行巷战，而是与清军脱离接触，纵火烧城。千余间民房，300多条民船，数千户居民及大批清军将士，全被烈火吞没，大火一直延续到次日午后方熄。昔日繁华市镇，今朝变成一片焦土。日军以伤亡168人的代价占领田庄台，而清军仅此一战，即伤亡2000多人。

　　清政府倚重的湘军，拥有数万之众，且号称战斗力颇强，但面对穷凶极恶的日军，也是以卵击石，六天之内，竟然接连丢失山海关外牛庄、营口、田庄台三座重镇。辽东屏障尽失，清军防线全面崩溃。遭此连败，人心瓦解，士气沮丧，已不可言战。主战派完全丧失了抵抗信心，清政府再也无力调动部队抵抗日军，形势发展至此，已别无选择，向日本乞求议和就成了首选之策。

七　奴颜婢膝　李鸿章签《马关条约》

急病乱投医

早自甲午战争爆发起，清政府中就存在主和与主战两种意见，而持这两种意见的官吏又因为和战的争论而常常与后党和帝党的斗争相关联。慈禧太后虽然表面上已经撤帘归政，但实际上一直在幕后操纵，从未放松过对朝政的控制。她把朝中的官僚和地方大吏控制在自己手中，从而把持着从中央到地方的一切军政大权，形成了以她为核心的后党集团。慈禧宠信直隶总督北洋大臣李鸿章等人，对他们言听计从。而这位李中堂又极善揣摸主子的心思，摸清了这位"老佛爷"的脉搏。眼下，慈禧极为看重自己的60大寿庆典，不愿继续与日本开战。因而，从一开始，对李鸿章"避战求和"的主张就给予了积极的支持，生怕与日本再次开战，搅乱了自己的生日庆典。朝中官吏为了筹办庆典，也乱成一团，无心战事。而已经亲政的光绪皇帝，不甘心处于听从摆布、受人支配的地位，想要取得皇帝的一切实权。他依靠他的师傅、户部尚书翁同龢，拉拢一批亲信官吏与后党抗衡，形成了帝党集团。为稳住江山社稷，光绪皇帝极力支持主战派，以期既打退日军的进攻，巩固清王朝的江山，又借此加强自己的实力。战争初期，国内主张坚决抗日作战的舆论高涨，且前方战事一时难以分出胜负，主战派大臣又交章上奏，备言只可战不可和、和议误国的种种理由，主和派深恐背上"误国叛国"的罪名，言行颇有收敛。及至平壤战败、黄海海战失利……一连串败报纷至沓来，主和派又开始活跃起来。1894年9月底，慈禧重新起用10年前被废黜的恭亲王奕䜣，主持总理衙门并会同办理军务。这位自中法战争以来，一系列丧权辱国的对外交涉的经办者，由此又得到了一个施展其"洋务才能"的机会，与李鸿章沆瀣一气，又一次开始了妥协求和的卖国活动。

首先，议和派请求英国政府照会美、德、俄等国，以赔偿日本军费和保证朝鲜独立为代价，希望列强干预中日战争，不期遭到拒绝。随后，清政府又直接出面，召集美、英、法、德、俄五国公使会议，恳求他们转请所在国政府联合干预中日战争，不料又遭拒绝。眼见寄希望列强的幻想破灭，无奈，11月22日，清政府派出当时任天津海关税务司的德国人德璀琳带着照会及李鸿章致伊藤博文的亲笔信到达日本神户，以向日本政府求和。行前，在德璀琳一再要求下，清廷赐予他头品顶戴。照会中称"现与贵国小有龃龉，以干戈而易玉帛，未免涂炭生灵。今拟商彼此暂饬海陆两路罢战……应请贵总理大臣与德璀琳筹商,言归于好"。日外相陆奥宗光在偕同德璀琳抵神户欲求见伊藤博文的同时密电伊藤,表示目前清国难以满足日本之要求,对德璀琳及李鸿章的私人信函,以不接纳为宜。在伊藤指示下,由兵库县知事出面,以使节不合正常手续和资格为由,拒绝接纳德璀琳。清政府求和的努力又一次宣告失败,不得不将德璀琳召回。11月29日,德璀琳一行起程返回。真是有病乱投医了。

中日议和交涉

1894年11月22日,美国驻华公使田贝会见总理衙门大臣,表示愿意为中日两国安排和谈。清政府此时已面临战场上连败局面,急欲求和,也就听从美国的摆布,同意与日本开始和谈,并建议和谈在上海举行。日本闻讯后断然拒绝和谈在上海举行,坚持和谈地点必须在日本,并要求清政府必须预先将全权委员之姓名与职位通知日本。而当清政府向日本提出同样要求时,竟遭蛮横拒绝。日本政府声称"无须事先将日本全权委员姓名品级通知中国"。对此,清政府深知自己是战败国,只得忍气吞声,默认同意。然而,问题的关键还不在于此,日本停战谈判的条件到底是什么,这不仅是清政府极为关心的,也是列强至为关注的焦点。其实,日本首相伊藤博文与外相陆奥宗光早就拟好了媾和条件,并与内阁成员和大本营重臣经过了反复磋商,一致决定在未与中国达成协议之前,将议和条款诸问题严格局限在中日两国之间，决不向外界泄露，以防第三国插手。

基于保密的原因，日本政府以备忘录形式照会清政府，指责清政府"似尚未痛切感到有媾和的必要"，并宣称"如果不经过具备正式资格之全权委员会商议以后，日本不能宣布媾和条件"，并威胁"若中国政府对此不能同意，则此次之商议，即可暂告中止"。面对如此强硬的态度，清政府深感事态之严重，如不正式遣使，局面或将不可收拾。故在慈禧的大力支持下，12月20日，清廷颁旨，"著派尚书衔总理各国事务大臣户部左侍郎张荫桓和头品顶戴署湖南巡抚邵友濂为全权大臣，与日本派出全权大臣会商事件"。此件当天即经田贝电达东京。此外，清政府还提出希望"日本立即任命全权委员，速定会商日期，并望于日本任命全权委员之日，决定两国开始休战的日期"。至此，清政府提出了一个关于和谈的极为关键的问题，即交战的中日双方先行停战。

本来，按照国际惯例，交战国在开始议和谈判时，应先行停战，而一心想攫取巨大侵略利益的日本政府，既不同意会谈地点设在中国，也不愿停战，而是希望通过战场上的巨大胜利来增加自己在谈判中的筹码。12月31日，日本经美国驻日公使谭恩转称：只有等中国所派大臣到达日本，日方"即日派出大臣，现时不必先言派几员，系何姓、职务"等。此前，还明确电告清政府，"日本政府选定广岛为全权委员之会议地点"，"至于休战条件，纵使日本政府许诺休战，亦须在两国全权委员会商后，始能明言"。日本政府此举，不仅蛮横地选定广岛为和谈地点，拒绝事前通报日方代表名单及职务，关键的是强硬地拒绝了清政府先停战后议和的条件。面对如此屈辱，清政府亦不得不委曲求全，即行答允，派张荫桓、邵友濂东行。

清政府求和心切，不惜卑躬屈膝，甘心忍受一切侮辱，内中自有其苦衷。自甲午开战以来，海陆军连战连败，丧师失地。陆军首败于平壤，再败于辽东半岛，士气低落，军心动摇。北洋海军先败于丰岛，再败于黄海，最后困于威海卫。光绪皇帝召见军机大臣，询问战和事宜，"声泪并发"。鉴于形势所迫，清政府开始寻求议和以结束战争。

日本大本营制定的直隶平原作战计划，纯粹是一个孤注一掷的军事冒险计划。此时，日军虽已兵发辽东、山东半岛，取得了一连串军事上的胜利，但是，日本毕竟是一个领土狭小、资源贫乏、人口较少的岛国，几个月的战争消耗，已使本来就十分不足的资源更显得紧张，人力、物力、财力已严重匮乏，难以为继，各项储备已不能再承受大规模的军事行动。对此，外相陆奥宗光也不得不承认："国内海陆军备殆已空虚，而去年来继续长时间战斗的我军队人员，军需固已皆告疲劳缺乏。"然而中国幅员辽阔，非日本短时间内可以全部吞并，有鉴于此，狡猾的日本政府也希望通过谈判来达到战场上一时难以达到的目的。

日本广岛拒使

1895年1月6日,张荫桓离京。13日抵上海,与邵友濂会晤,准备赴日。此时,清廷还想再作一次拼搏,正在调动大批湘军出关,以期与日军决战于辽东,挽回海陆战场连败的颓势。因此对张、邵东行仍持犹豫迟疑态度,并连电二人,暂缓东行。但是,事与愿违,战场上依然败报频传,势不得已,才于19日电告张、邵二人"克日出洋"。26日,张荫桓、邵友濂携带头等参赞官候选道伍廷芳、二等参赞官刑部郎中顾肇新、内阁侍读端良等大批随员及跟役23名,大小行李120件,搭乘英国轮船王后号,从上海驶往日本。28日抵长崎,31日转乘小轮至广岛。

张、邵的这个代表团,聘请了一个洋顾问,即前美国国务卿科士达。这位被张荫桓称为"人极公正,熟谙各国条例"的人,曾任中国驻华盛顿公使馆法律顾问,与日本的陆奥宗光过从甚密,私交极深。当粟野慎一郎出任日本驻美公使之际,陆奥又把粟野介绍给他。在接到清政府邀请电报后,科士达当天即到日本公使馆与粟野"秘密进行推心置腹之谈话",并保证:虽接受清国之聘,但与陆奥大臣有多年亲交之谊,所以对"日本所怀之友谊一如既往"。可见,清政府花重金聘请的和谈顾问,实际上却是敌人的帮凶,成为日本安插在清政府代表团中的一个不折不扣的奸细。

日本获悉张荫桓一行自上海起程后,1月27日,大本营立即召开御前会议，参加会议的有：新任参谋总长、陆军大将小松彰仁亲王，内阁总理大臣伊藤博文，陆军大臣山县有朋，海军大臣西乡从道，海军军令部部长桦山资纪，参谋本部次长川上操六等。会议经反复磋商，确定了以"朝鲜独立、割让土地、赔偿军费及将来帝国臣民在中国通商航海之利益等问题为重点"的媾和条件，并就此拟出了媾和条约草案，报请天皇裁决。天皇立即批准了这个方案。31日，任命伊藤博文和陆奥宗光为日本参加与清政府和谈的全权办理大臣。

通过对国际形势和中日战况分析，伊藤与陆奥一致认为，此时媾和似乎不合时宜，可能会阻止日军在中国战场尤其是山东半岛的战事中获取更大的利益。因而，决定第一步先查阅清政府和谈大臣的全权委任状，"如有不符国际公法一般惯例的规定"，就在没有进入正式谈判之前宣布谈判失败。之所以选择代表资格这个问题，正是科士达认为清国的敕书可以利用，为日本提供了破坏谈判的可供选择的借口。日本政府认为：中止谈判可以在"不暴露我国媾和条件下使谈判决裂。他日中国如果真心悔悟，重派具有位高资深的全权大臣时，再与之会商，也决不为迟"。关键在于，拖延谈判，可以为战场上的日军赢得时间。此时，日军正在全力进攻威海卫，以期消灭北洋舰队。日本政府希望通过军事上的胜利逼迫清政府撤回张、邵二人，改派奕䜣或李鸿章前来日本，重开谈判。

2月1日上午11时，广岛县厅，中日两国全权大臣交换了敕书,和谈正式开始。清政府颁发的敕书上写有"著前赴日本,与日本所派议和全权大臣妥商一切事情,电达总理衙门转奏裁决"字样。看完清廷的敕书后,早有准备的陆奥宗光将事前拟好的信函,交给中国使臣,信中诬称"贵大臣所执敕书,虽经捧读,其中文义未及详察,将来恐多误会。究竟敕书中曾否载明便宜行事全权字样,贵大臣等能否遇事自专,毋须电请裁决?"一口咬定清国代表没有全权,并强行中断会谈。其实,日本天皇的敕书中也有"候朕亲加检阅,果真妥善,即便批准"的字样,其内容与清廷敕书中的意思是一样的。但是,为了阻挠会谈,破坏和议,日本代表强词夺理,百般刁难。

次日上午,张荫桓、邵友濂复函日本代表,对所持敕书中的意思进行解释。下午4时,双方在广岛县厅再次开会,伊藤博文声色俱厉,蛮横指责清国代表毫无谈判诚意,要求清政府撤回和谈代表,另派有"重望官爵并足以保证实行缔造条约"的全权的大臣。声称:具有和谈全权的日本大臣绝不能同只带有会商事件,随时向总理衙门报告、请示敕令的中国钦差大臣谈判,并当场宣布终止谈判。当清国代表退场时,伊藤博文将伍廷芳留下,说"贵国何不添派恭亲王或李中堂同来会议",并以日军现刻正在攻打刘公岛,北洋舰队指日可灭等军情万变为由,劝清政府早派重臣,早和为宜。对伍廷芳威逼利诱,点名要求清政府派奕䜣或李鸿章前来日本谈判。为了显示断绝和谈的决心,日本政府以广岛为屯兵之所为由,限令中国谈判代表立即离开。2月4日,张荫桓、邵友濂等一行离开广岛取道长崎回国。清政府所派的全权代表,在受尽日本政府的百般刁难、羞辱后,灰溜溜地回国了。

4 李鸿章赴日签丧权辱国条约

1895年2月12日,威海卫战役已基本结束,北洋舰队的覆灭及威海军港失陷已成定局,清政府赖以撑腰的军事力量已损失殆尽,主战派在朝中已难言再战。此时,主和派则兴风作浪,大肆活动,四处游说,大谈"宗社为重,边徼为轻"的老调,鼓吹求和是清王朝的唯一生路。慈禧太后召见军机大臣,明确表示决定求和,并按照日本政府的暗示,决定派李鸿章为和谈全权大臣,赴日议和。第二天,清廷正式颁布谕令,任命李鸿章为"头等全权大臣,与日本商定和约"。深谙权谋的李鸿章也深知此行任务艰巨,吉凶难测,况且眼前面临的形势极为复杂。李鸿章估计日本由于在战场上的一连串胜利,侵略胃口受到极大的刺激,恨不得将中国一口吞进肚里,此次议和,必定提出极为苛刻甚至难以接受的条件,如果答应日本的条件,必将在青史上留下骂名,遗臭万年,朝中对立面官吏也定会借此兴风作浪、百般弹劾。如果不答应日本的条件,武装到牙齿的日本定不会善罢甘休。不能议和停战,回来后还是无法交代。前思后想,李鸿章觉得此去凶多吉少,遂上表称病,不愿前往。而朝中一些官吏对李鸿章拥兵自重、大权独揽又一贯消极避战的作法早就深恶痛绝,此时纷纷交章上奏,指出清军之所以一败再败,李鸿章应负有直接责任,并嘲讽李鸿章贪生怕死,不以国事为重,既然已经由他一手造成这个难以收拾的局面,也只有由他出面才能了断此事,"圆满"地处理对日交涉。清廷碍于众议,断然拒绝李鸿章的请求,责令他克日准备,即择期赴日和谈。皇命难违,李鸿章只好受命,打点行装,准备起程。

李鸿章先以其子李经方曾出使日本两年,熟悉情形,通晓东西语言文字为由,奏请挂参议一职,头衔仅次于全权大臣;继而选拔各级随行官吏,共计33人,内中仍然有科士达。此外,又带了厨子、茶房、打杂、轿班、剃头匠等大批仆人,又特聘法国驻华使馆慈巴茨斯医学博士作为随行医生,总计135人。3月14日晨,李鸿章登上悬挂着黄龙图案的德国商船,离开天津,前往日本,开始了一次注定他一生耻辱的求和谈判。

3月19日,李鸿章抵达日本马关。伊藤博文、陆奥宗光则已先期到达马关,和谈地点定在红石山下的春帆楼。20日下午,双方开始第一次谈判。日方代表摆出一副胜利者的姿态,傲慢无礼,飞扬跋扈。在互换敕书后,李鸿章即提出中日双方先行停战,再议和约的建议。伊藤博文则推托"此事明日再议",随即以上次和谈张荫桓、邵友濂"全权"为辞,极尽讽刺诋毁之能事。李鸿章则低眉俯首,强赔笑脸,甘心受辱。双方第一次谈判,就在这种极不平等的气氛中结束了。

3月21日下午2时30分,双方开始第二次谈判。

伊藤博文在会上首先发言，无理地提出以日本派兵占领大沽、天津、山海关等地及天津至山海关的铁路，停战期内军费由清政府支付等停战条件。显然，这个过于苛刻的条件是难以被清政府接受的。李鸿章听完译员的口译后，大惊失色，连呼"过苛，过苛！"并再三恳求伊藤，先行停战，具体条款慢慢协商。他还厚颜无耻地对伊藤博文说："贵方所指之天津、大沽、山海关三地，实北京之咽喉，直隶之锁钥也。倘贵军占此等要地，我方则反主为客，岂不令人有宛如异国领土之感？"并进而说："贵国先要踞有三处险要之地。我为直隶总督，三处皆系直隶所辖，如此于我脸面有关。试问伊藤大人，设身处地将何以为情？"就是这样的哀求，也遭伊藤博文的断然拒绝，第二次和谈，只得作罢。

为进一步威胁清政府，增加在谈判桌上的砝码及为日后夺取台湾作准备，日本在拒绝中国停战要求的同时，悍然发动侵略澎湖的战争，以期以此为跳板，进占台湾。

澎湖列岛位于台湾海峡之中流，与台湾之嘉义县及福建的厦门遥相呼应，大小岛屿林立，当海上交通要冲，战略位置极为重要，素为兵家必争之地。1884年中法战争中法军曾一度占领。自1887年起，清政府开始在澎湖列岛上修建防御工事，并责令闽浙总督谭钟麟、台湾巡抚邵友濂招兵添将，修建炮台，至1894年12月，计建有炮台5座，岛上驻军已达13营，5000余人。

1895年3月15日，日军后备步兵第一联队长比志岛义辉指挥由1个炮兵中队、3个步兵大队组成的混合支队，从佐世保军港出发，分乘7艘运兵船，在吉野等8艘军舰护送下，进攻澎湖。20日到达仓岛，由于海面狂风大作，吉野号触礁重伤，只得推迟进攻日期。23日，上午9时20分，伊东祐亨指挥高千穗、浪速、秋津洲、桥立、严岛及西京丸护送运兵船驶近澎湖岛东部的里正角准备登陆。这天，风平浪静，万里无云，上午9时40分，岛上清军拱北炮台发炮轰击日舰，双方炮战异常激烈。11时30分，日军开始登陆，至下午2时，混合支队全部登陆完毕，遂即抢占大武山，以期越过这座山，拿下拱北炮台及马公城。由于清军增援不力，下午4时，日军攻占大武山。24日凌晨，日军开始进攻拱北炮台，在山炮及舰队速射炮的掩护下步兵发起冲锋，战至晨6时30分，日军冲进炮台，双方展开肉搏战，不久，日军占据炮台。上午11时许，日军分三路进攻马公城。此时，守城清军只有30多名，日军没费吹灰之力即占得此城。守卫圆顶半岛的560余名清军也在卫队营管带郭润馨等人的带领下投降。而清将朱上泮、周振邦、陈步梯在马公城陷落后，纷纷乘船外逃厦门及台湾。及日军登上渔翁岛，岛上已无一名清兵。至此，清廷经营多年的澎湖各炮台，大炮18门，2400支枪，百万发子弹，全部落入敌手。但日军也付出了代价，因水土不服，军中霍乱流行，有1000多名士兵病死。

日军占领澎湖后，在马公城设立"澎湖列岛行政厅",以海军少将田中纲常为行政长官,开始了殖民统治。

　　澎湖列岛被占,使清廷本已十分脆弱的神经受到了更强烈的刺激。3月24日下午3时,第三次谈判继续进行。李鸿章在会上发言,将要求日本先行停战的条件搁置起来,提出议和条款。伊藤一面答以明日一定立阅,一面顾左右而言其他,并突然向李鸿章询问台湾之事,声称:"我国之兵已向台湾行进,但尚未接到来自南方之消息,情况难明。不知台湾之民如何?"李鸿章一闻此言,大惊失色,立刻意识到日本意欲侵占台湾,这是李鸿章始料不及的。为了贯彻"以夷制夷"的思想,李鸿章幻想以英国压制日本,便说"除我国之外,英国不欲他国盘踞台湾"。伊藤进一步威胁道:"岂止台湾而已!不论贵国版图内之何地,我倘欲割取之,何国能出面拒绝?"这简直是赤裸裸地威胁,赤裸裸地讹诈。面对如此直截了当的要挟,李鸿章则委曲求全,丝毫不据理力争,唯恐和谈受阻,只是一味地低声下气,恳求日本尽快拿出议和条款。而伊藤博文仍旧是那一套,故意拖延时间。第三次谈判就在这种气氛中结束了,也恰在此时,一个严重的事件发生了。

　　1895年3月24日4时30分,日本马关外滨町电信局前人头攒动,争看刚刚结束第三轮谈判,乘轿经过此地的大清国特命全权大臣李鸿章。突然,一男性暴徒冲出拥挤的人群,直趋轿前,向轿内开枪射击。李鸿章面部中弹,鲜血溅出轿楼,一时间人群大乱……大清国赴日和谈全权大臣在日本遇刺的消息，震动了世界，也打乱了日本统治集团事先的周密策划。

本来，日本侵略者的如意算盘，是以军事上的胜利为筹码，压服清政府，攫取更大的利益。之所以打着"和谈"的幌子，目的是排除美、英、俄、法、德等列强的干扰，独吞侵华果实。面对日本在华军事上的一连串胜利和即将从中国攫取的巨大利益，其他资本主义列强坐不住了，五国纷纷表态，反对日本彻底打垮中国，称：如果日本不听劝告，一意孤行，那么列强将难以容忍，必定强行干预。也就是以"维持秩序为名，瓜分中国"，以期分享日本在军事上打败中国的"胜利果实"。面对这一复杂的国际局面，日本才选择了与清国谈判的这一途径。但伊藤等人无视国际惯例，不是以停战为前提，而是以清政府割让土地和赔偿军费为条件，几轮谈判都未能达成一致协议。正当和谈朝着日本事先设计好的程序进行时，却发生了李鸿章被刺事件，这是一个在国际交往中于法于理都不容的严重事件。李鸿章枪伤虽不致命，但已无法参加原定于次日的谈判了。这一不测之变，使日本统治集团极为狼狈。伊藤博文既怕李鸿章以受伤为借口回国而中断谈判，又怕列强趁机插手干预。为了稳住李鸿章，日本作出一系列姿态，以挽回损失。外相陆奥宗光亲到李鸿章住所表示"慰问"，天皇睦仁也降诏要求"严惩"凶手。而以深谙洋务著称的李鸿章却似乎没有看到这个可以利用的机会，相反，他在病榻上得到陆奥宗光关于日本已决定先行停战的表示后，虽脸缠绷带，仅露一眼在外，仍流露出十分欣喜的神情，表示随时可以在病榻上继续谈判。真真好一个乞和的全权大臣。

狡猾的伊藤博文发现李鸿章并无归国之意，立即抓住这一机会，竭力说服反对停战的武将们。30日，与李鸿章签订了不包括台湾和澎湖列岛在内的《中日停战协定》。表面上看日本同意休战，似乎是作了让步，而实际上，休战期限仅21天。并规定如限期内和谈失利，停战协定即行作废。休战还不包括台湾和澎湖列岛，为日后割占此二地预作了准备。可见，日本签署停战协定，是为了从中掠夺更大利益。而李鸿章竟也以能够实现停战而沾沾自喜，心满意足，认为自己在对外交涉上又一次取得了巨大成功。

在李鸿章等清廷和谈代表的一再催促下，陆奥宗光才于停战协定签署次日，拿出了早已拟好的和约底稿，其主要内容为：清政府承认日本对朝鲜的控制；清政府割让台湾、澎湖列岛、辽东半岛给日本；赔偿日本军费白银2亿两；开放沙市、重庆、苏州、杭州为通商口岸，允许日本在中国通商口岸设立工厂，并可以将各项机器任意装运进口，而只交纳事先规定的进口税等。李鸿章看到这个底稿后，大为震惊。尽管他对日本的侵略野心早有所料，但还是没能估计到日本竟贪婪苛刻到如此程度。如此丧权辱国的条款，李鸿章也深知难以承担责任，不愿背负这个千古罪名，凭着多年官场经验，意识到必须矛盾上交，借以摆脱罪责。于是立即将条款上报清政府。清政府接到条约文稿后，以光绪皇帝为首的清朝统治集团也是议无所决，拿不出一个肯定的意见。而此时的慈禧，也想极力推卸这个割地卖国的罪名，装病躲入深宫，并表示"一切遵上旨"。光绪皇帝既不敢与慈禧公开决裂，也不敢贸然承担割地赔偿的罪名，犹豫不决，左右为难。

4月5日，李鸿章没有等到清政府的复电，而日本规定的答复期限已到，于是，以"说帖"的方式答复日本，对于和约中的割地、赔款、通商等条款找出种种理由加以辩解。次日，日方代表照会李鸿章，要求对和约条款必须给予明确的答复，不得拖延。伊藤威胁因李鸿章遇刺而升为全权大臣的李经方：希望能切实考虑"日本为战胜者、中国为战败者之事实"，完全是因为"中国请和，日本应允，始有今日之议和"。如果因中方故意拖延，导致"谈判破裂，则我一声令下，将有六七十艘运输船只搭载增派之大军，舳舻相接，陆续开往战地也。如此，北京的安危亦有不忍言者。如再进一步言之，谈判一旦破裂，中国全权大臣离开此地，能否再安然出入北京城门，恐亦不能保证"。面对日本首相伊藤博文如此卑鄙无耻的武力威胁和赤裸裸的强盗无赖式的外交讹诈，李经方心虚胆寒，不敢再次提出修改条约的意见。4月10日下午4时许，中日全权大臣举行第五次谈判，李鸿章已伤愈参加会谈。就在这次谈判中，伊藤不顾李鸿章的一再辩解、恳求，再次公然声称对条约文本只准说"允"与"不允"，并称已有数十艘运兵船开往天津。眼见和谈已无法继续进行，面对日本如此强硬的态度，清政府实在无计可施，只好连电李鸿章，同意签约。4月15日下午2时30分，第六次谈判开始，李鸿章终于拿出了看家本领，亮出了与洋人打交道的才能，先是恳求日本将2亿两赔偿费削减5000万，见其不行又恳求减少2000万。在其要求均遭拒绝后，最后竟还苦苦哀求伊藤博文，减少赔款额，以赠作回国旅费。真真是极尽奴颜婢膝之丑态。

4月17日上午10时，中日全权大臣在春帆楼举行会议，双方签署了《中日讲和条约》亦即《中日马关条约》11款，《议订专条》3款及《另约》3款。经中日双方认可的条约主要内容有：

①清政府承认朝鲜为"完全无缺之独立自主"。

②清政府割让台湾、澎湖列岛及辽东半岛给日本。

③赔偿日本军费2亿两，分八次七年内交清。

④中国开放沙市、重庆、苏州、杭州为通商口岸，在上述各口派驻领事官员。

⑤日本臣民可以在中国通商口岸从事各项工艺制造，其制造的货物免征一切杂捐；各项机器也可任意装运进口，只交纳事先规定的进口税；等等。

同时签订的《专条》和《另约》，则规定了关于换约手续、威海卫驻兵、停战延期等内容。

《马关条约》是中国近代史上一个空前的卖国条约，该条约无论从丧失主权之重，割让领土之多，还是从赔款数额之巨，都打破了中英《南京条约》以来的纪录。光绪皇帝在看到条约正式文本后，也认为割地一款太苛刻，一度拒绝用宝，但最终迫于内外压力，不得不予以批准。而日本侵略者由于通过条约攫取了巨大利益，为此欢呼雀跃，天皇于签约次日召见伊藤博文和陆奥宗光，并降诏嘉勉，称此条约足以"显扬帝国之光荣"。李鸿章也深感罪名难抒，返回天津后，遣随员携条约文本至总理衙门，自己称病滞留天津。

《马关条约》给中国带来了巨大的耻辱和空前的灾难。大片领土的割让，严重破坏了中国领土主权的完整；巨额的赔款，竟相当于清政府当年财政收入的一倍以上。为了还债，清政府及各级官吏，必然变本加厉，加紧对广大劳苦大众的盘剥勒索；通商口岸的开设，使得帝国主义强盗的侵略魔爪伸入中国腹地；对廉价劳动力和原料残酷掠夺，严重摧残了中国的民族工商业，阻碍了社会经济的发展。帝国主义列强也乘机掀起了瓜分中国的狂潮，它们纷纷强占租借地，划分势力范围，使得中国的民族危机空前严重，殖民地化的程度进一步加深。

八 见利眼红 三国联盟 干涉还辽

1. 三国迫日还辽

《马关条约》规定清政府把辽东半岛割让给日本,此款严重威胁到了沙俄在中国东北、华北的侵略利益,使日、俄争夺中国东北的矛盾进一步激化。就在日本公布议和条件的第五天,俄国外交大臣罗拔诺夫即上书沙皇,认为日本占领辽东半岛已对俄国的"国家安全"构成威胁,建议联合列强进行干涉,声称:"我们的目的是双重的,在太平洋取得一个不冻港,并吞满洲的一部分以利修建外西伯利亚铁路。"这个建议当即被沙皇批准。就在《马关条约》签订当天,俄国政府立即开始行动,正式向英、德、法三国建议,联合"劝告"日本退还辽东半岛,如果日本不答应,即"对日本在海上采取共同军事行动"。由于分赃不均,侵略者之间发生了龃龉。英国由于战前与日本订有条约,故对俄国的建议予以拒绝。而德国正想加入对远东的扩张和掠夺,对此议甚为积极。法国也出于同样的目的,积极加入了三国掠夺同盟,准备到东方大捞一把。1895年4月23日,俄、德、法三国驻日公使向日本政府递交照会,"劝告"日本政府立即放弃占领辽东半岛,并警告"日本必须让步,因为对三国开仗是没有希望的"。与此同时,三国海军也同时出现在日本海面,计有"俄舰数十艘,法舰十余艘,德舰六艘",另有2艘在途中。停泊在烟台港口的俄国军舰更是昼夜升火待命,大有决心一战的架势。三国海军炫耀武力,给日本造成了很大的压力。

清政府"赎回"辽东半岛

俄、德、法三国突然出面干涉,强迫日本立即退还辽东半岛给清政府,并发出战争威胁。此举给日本当局当头一棒,有如"晴天霹雳,突然失色,几乎不知所措"。经过了8个月的侵华战争,虽然在战场上,日本已获得了胜利,但由于战争的消耗,已被拖得筋疲力尽,财政拮据,海陆军备空虚。日本海军表示,即使与俄国舰队单独交战,也难操胜券,更何况与三国舰队同时开战,绝无胜算,实无力再战。1895年4月24日召开的御前会议认为,鉴于海军目前的情况,实无力与三国开仗,决定召开一个国际会议来处理这个问题,并着手拉拢其他国家,筹建反干涉同盟。

日本首先拉拢英国,并许以承认英国利益超过其他欧洲国家利益等好处,企图引诱英国,起来反对三国对日本的干涉。英国既不愿讨好日本以开罪俄、德、法三国，更不愿因支持任何一方而使自身在中国的利益受到损伤，于是，正式答复日本：决定信守局外中立，不能响应日本之提议。在吃了英国的闭门羹后，不甘心的日本政府又向美国献媚，极力拉拢美国，希望美国政府能从中斡旋，劝告俄国重新考虑。而美国政府也不愿看到日本在华势力的过分膨胀，表示信守中立。日本企图建立反干涉联盟的计划宣告破产。

发出照会后，连日来，俄、德、法三国公使不断来到日本外务省，催问日本对三国"劝告"的答复，并一再警告日本，采用"拖延"方针是不会起到任何作用的。面对高压，日本政府只好对三国让步。但是，狡猾的日本政府却采取了对中国一步不让的政策，表示可以放弃对辽东半岛的永久占领，但需要中国增加赔偿，"赎回"辽东半岛。同时，紧逼清政府迅速互换条约批准书。俄、德、法三国对日本接受"劝告"放弃割占辽东半岛的答复极为满意，转而逼迫清政府迅速与日本换约。三国在达到目的后，立即撕下了假惺惺的维护"正义"的伪装，公开站在了侵略者的行列。5月8日，中日双方代表在烟台交换条约批准书，《马关条约》正式生效。10日，日本天皇颁诏，接受三国"劝告"，放弃对辽东半岛的永久占领。经反复谈判，11月8日，李鸿章与日本驻华公使林董签订了《辽南条约》，中国以3000万两白银"赎回"辽东半岛。

在这场由沙俄导演，德、法参加的三国干涉还辽闹剧中，中国始终处于听人摆布、任人宰割的境地，遭受各帝国主义国家如狼似虎的掠夺瓜分，列强们也由此胃口大开，面对已丧失反抗能力的中国，更加肆无忌惮地鲸吞蚕食。经历了甲午战争的中国，不仅蒙上了巨大的耻辱，民族危机已空前严重。

九　保卫家园　台湾军民奋起御侮

清政府与日本签订丧权辱国的《马关条约》，这一消息如晴空霹雳，震撼了华夏大地，朝野议论沸腾，举国上下，义愤填膺，反对卖国和要求严惩卖国贼的呼声响彻中华大地的上空。上海《申报》发出抗议："我君可欺，而我民不可欺，我官可玩，而我民不可玩。"四川的农民义军也发布檄文，反对割地赔款，要求大兴义师与日寇决战。以康有为为代表的入京应试举人，也参加到这一反帝的浪潮之中。康有为起草了一封长达14000字的上皇帝书，痛陈割让台湾，会使民心离散，列强势必争相瓜分中国的严重后果。1300多名赴京应试的举人在这封上皇帝书上签了字，并排成长龙队伍，前往都察院呈送此信。而都察院却以条约已签为由拒绝接纳。康有为的这个举动，在社会上产生了巨大影响。而反响最为激烈的，莫过于台湾的广大军民。《马关条约》签字当日，割台的消息便传到了台湾，台湾全岛民众恰似"午夜暴闻轰雷，惊骇无人色，奔走相告，聚哭于市中，夜以继日，哭声达于四野"。悲愤已极的民众纷纷涌入巡抚衙门，抗议示威，怒斥清政府及李鸿章的卖国行径。一场波澜壮阔的反割台斗争在台湾展开了。

台湾民主国诞生

面对全国人民特别是台湾人民的强烈反对，清政府仍旧一意孤行，决意放弃台湾。1895年4月19日，电告署理台湾巡抚唐景崧"割台系万不得已之举。台湾虽重，比之京师则台湾为轻。倘敌人乘胜直攻大沽，则京师危在旦夕。又台湾孤悬海外，终久不能据守"。并称"交割台湾，限两月，余限二十日。百姓愿内渡者，听；两年内，不内渡者作为日本人，改衣冠。"此电文一经传出，全岛沸腾。台北民众立即鸣锣罢市，官绅百姓拥入巡抚衙门，高呼抗议，以表示坚决不当亡国奴之决心，哭声震天动地。鉴于台湾军民的强烈义愤，唐景崧也只得屡次电告总理衙门，恳求看在台湾"祖宗缔造之艰，史册俱在，传至二百余年，失自皇上之手，天下后世，谓皇上为何如君？他日更何以见祖宗于地下？"指出"且地有尽，敌欲无穷，他国若皆效尤，中国之地可胜割乎？"但他又在电报中称"臣虽知不可为，而届时为民挽留，不能自主"，表明他抗敌保台的极大勉强性。然而，清政府考虑到条约已签，和议已成，特别是害怕日军从大沽进攻京畿，因而，对这些电文均置之不理。

在这种叫天天不应，叫地地不语，毫无依仗的情况下，台湾军民拿起武器，奋起自卫，电告总理衙门及各省封疆大吏，表示"台湾属倭，万民不服"，"愿死守危区，为南洋屏蔽"。清政府害怕由此会引起日军对京师的进攻，危及统治集团自身安全，也就不顾一切了。一面以避免给日本人再次开战的口实为由，电令唐景崧开缺，"来京陛见"，"台省大小文武各员内渡"；一面命李经方迅速"前往商办"交割台湾事宜。至此，台湾被出卖、被抛弃的结局，已是无可挽回的了。

在台湾民众反对割台的斗争中，涌现出了一批爱国志士，丘逢甲就是其中的主要代表人物之一。丘逢甲，字仙根，号蛰仙、仲阏，别号仓海。祖籍广东蕉岭，后其家东迁台湾。1864年生于台湾苗栗县。丘逢甲天资聪慧，14岁即获全台童试第一。1889年春，赴北京会试，中第81名进士，列名工部主事。后返台湾，在衡文书院等教授文艺课及中外历史。他十分注意用新思想新观念去激励青年学生的爱国热情。甲午战争爆发后，组织义军10营，驻防台北。《马关条约》签署后，丘逢甲召集士绅联名上书朝廷，抗议割让台湾，主张与日本战斗到底。在遭清廷拒绝、外援断绝情况下，与候补道林朝栋、内阁中书教谕陈儒林等在台北创设筹防局，会商救岛大事。在前驻法参赞陈季同的大力协助下，毅然决定成立"台湾民主国"，奋起自卫，抵抗日本侵略。命人铸刻有"台湾民主国总统之印"字样的金印一颗，并制作长方形"蓝地黄虎旗"为国旗，以示仍为中国臣民，推唐景崧为总统，组建台湾民主国。

5月25日，丘逢甲捧送金印及国旗，率士绅民众，来到巡抚衙门，拥唐景崧即位。唐起初颇为犹豫，后经士绅再三恳求，才勉强同意，遂就总统位，改年号为"永清"，以示永远隶属清朝之意，正式宣告"台湾民主国"成立。随即电告总理衙门，称"今之自主，为拒倭计"。并发布公告，晓谕全台、宣示中外，详细陈述台湾成立民主国的缘由，表明尽管台湾已被清政府抛弃，但广大民众决不甘心拱手将美好的家园让与强盗，指出"日本欺凌中国，大肆要求，此次马关议款，于赔偿兵费之外，复索台湾一岛"，实为可恶。且"我台湾隶大清版图二百余年，近改行省，风会大开，俨然雄峙东南矣。乃上年日本肇衅，遂至失和，朝廷保兵恤民，遣使行成，日本要索台湾，意有割台之款，事出意外"。告示中明确表示"台湾土地政令非他人所能干预，设以干戈从事，台民惟集万众御之，愿人人战死而失台，决不愿拱手而让台"。所以成立民主之国，以抗击日寇，保卫台湾、保卫家园。发布命令以巡抚署为总统府，任命丘逢甲为副总统兼义军统领，任命刘永福为大将军，以刑部主事俞明震为内务大臣，陈季同为外务大臣，以礼部主事李秉瑞为军务大臣，设立议院，派道员姚文栋前往北京，详陈建国情形。同时，重新组建台湾防卫。由于清廷内渡谕令，一些军事将领及官员纷纷撤往内地，驻台清军也大为减少。除丘逢甲10营义军外，又任命吴汤兴为台湾府台军统领，统率6营义勇。刘永福又任命简成功统领11营兵勇，驻防台南，形成了一个清军与义军联合的体制。

刘永福也发布告示，号召全台民众"誓与土地共存亡"。台湾民主国的建立，为抗击日寇的侵略，维护祖国统一和民族独立，起到了十分积极的作用。

日军进犯台北

就在台湾民众自卫浪潮高涨之际，日本政府也加紧了武力侵占台湾的部署。烟台换约的第三天，晋升海军军令部部长桦山资纪为大将，出任台湾总督兼军务司令官。5月30日，李经方携道员马建忠、顾问科士达自上海起程，赴台湾交割。6月1日，到达台湾外海。次日下午，李经方在船上与日本派来的台湾民政局长水野遵磋商交割事宜。当天夜间，桦山资纪在商定的交割文本上签名盖章，交给李经方。偌大的台湾，就算交割完毕了。而在此之前，陆军中将北白川能久亲王率领的近卫师团约1.4万人及役夫700人、战马3400多匹和由海军少将东乡平八郎指挥的舰队，已于5月28日抵达台湾近海。日军经反复侦察，选定在台湾守军防卫薄弱的东北部三貂角的澳底登陆。此处地势开阔，水深浪缓，可泊巨轮。由于唐景崧刚愎自用，自以为是，无端猜忌在援越抗法战争中功勋卓著的战将刘永福，将其调离台北防区。而自己率领用20万两白银招募来的、未经战阵训练的、战斗力不强的义军驻守重要的台北防区，却忽视了对澳底的防守，认为此地为荒僻之所，仅派总兵曾照喜率两营士兵防守。5月29日下午1时，日军近卫步兵第一旅团开始在澳底抢滩登陆。曾照喜部与日军稍一交火，就大败而逃。日军大队迅速登陆，当夜，即在澳底宿营。次日，登陆日军西进，意在攻取基隆。

三貂岭是基隆屏障，为台北第一座高山。翻过山，有大小两条道路。大路通瑞芳，直达基隆；小道可绕至狮球岭后面。狮球岭位于基隆市街西北，扼基隆去台北的大道，二地均为军事交通要地。如此防御要地，本应加派重兵把守，而唐景崧仅派1营防军驻守三貂岭。5月30日晨，日军发起进攻，由于攻防双方实力悬殊，日军很快占领此地。唐景崧闻报，急派吴国华率700名士兵增援，又增派营官胡连胜、陈国柱、包干臣各率数百人增援。由于这些将领互不统属，且意见不合，终于被日军击溃。6月2日，日军第二联队第一、二、三中队齐攻瑞芳，守军以兵营为掩体抗击日军进攻，并与日军展开巷战，战事极为激烈，日军也被迫承认"我方死伤较多，由此可知敌之顽强"。因双方兵力过于悬殊，不久，日军攻占瑞芳，逼近基隆。

6月3日上午，日军近卫师团分左、中、右三路猛攻基隆，日舰也从海上发炮助攻。守卫基隆的防军，除内渡的外，只有6营兵力，另加以瑞芳败退之军。双方展开激烈攻防战。至下午5时，守军伤亡惨重，力不能支，退往狮球岭。日军初战得手后，因所带粮草不足，且沿途掠抢困难，为了尽早抢占基隆，夺取粮食，供给士兵，日军对败退义军穷追不舍。与进犯基隆同时，日军也发起对狮球岭的攻击，驻防狮球岭的6营士兵，在候补知县胡友胜率领下，拼死防守，毫不退却。日军将狮球岭四面围定，轮番进攻。日军一位战地记者形容战场情形："狂风暴雨席卷而来，枪炮声夹着风雨声，令人恐怖万分，守军勇敢顽强，巍然不动。我们的前面是水田和竹丛，行进艰难，由于相距过远，大炮也不能发挥作用，进攻一时难以得手。"战至下午6时，奋勇抵抗了一天的守军，弹尽援绝，阵地被日军突破，狮球岭遂告失陷。至此，外围险要全部丧失，台北危在旦夕。此时的唐景崧，见一败再败，早已无心恋战，心中盘算如何逃跑。俞明震力劝其退往新竹，联合刘永福、林朝栋二军，坚持抵抗。而唐景崧却不听劝阻，夜晚，携带巡抚印信从后门逃出总统府，乘夜逃往淡水，6日又乘船逃回厦门。民主国总统一走，城内义军群龙无首，人心惶惶。溃兵涌入城中即开始抢劫、纵火，不久巡抚衙门也燃起大火。台北城内，局势大乱。日军乘机攻城，纵有一批爱国将士拼死抵抗，惜无统一指挥部署，6月7日，日军占领台北。驻守台北后路的丘逢甲义军，因独力难支，也退往台中。丘逢甲因身为台湾民主国副总统而被日军严厉缉拿，被迫内渡。6月17日，桦山资纪主持了在台北的"始政典礼"，设总督府于台北。此举，表明日本帝国主义在台湾殖民统治的开始，宣告了台湾民主国的败亡。

3. 新竹争夺战

昙花一现的台湾民主国失败了，台北也落入日军之手，唐景崧、丘逢甲等也退走大陆，而对如此危急的形势，台湾广大军民没有灰心，毫不气馁。具有反抗外来侵略光荣传统和不屈不挠抵御外侮的坚强意志的台湾军民，有着与自己的敌人血战到底的英雄气概，他们不甘心俯首帖耳地去做亡国奴，而是拿起武器，保卫家园。英勇无畏的军民们推举黑旗军头领刘永福为统帅，指挥全台军民的抗日斗争，由此拉开了台湾民众可歌可泣、轰轰烈烈的抗击日寇的战斗。

刘永福，字渊亭，广东钦州（今属广西）人。生于贫苦农民家庭。早年参加天地会起义，因所部常执七星黑旗，世称"黑旗军"。曾率部进入越南抗击法军，并屡屡获胜，威名震中外。战后，任广东南澳镇总兵。1894年，出任帮办台湾军务，后遭唐景崧排挤，移驻台南。他苦心经营，招兵买马，扩充队伍，仍号称"黑旗军"。此次，受命于危难之中，与苗栗生员吴汤兴、新竹生员徐骧等几支义军密切配合，与入侵日军展开了浴血奋战。

日军占领台北后，迫不及待要打通南进的道路，因此攻克新竹就成为首要急务。新竹为台中门户，是台中、台南的屏障。城内店铺林立，市区繁华，居民近2000户，仅次于台北，为台湾北部第二大城市。驻防此地的，除先前未内渡的部分清军外，还有吴汤兴、徐骧、邱国霖率领的义军，"不期而会者万人，遍山漫野"。公推吴汤兴为统领。吴汤兴，字绍文，广东嘉应州镇平县高思乡人。其父汤悦来为丘逢甲远亲，只身到台湾谋生，入赘苗栗街附近的樟树庄吴家为婿，后迁至铜锣湾定居。吴汤兴即其长子。平时，吴汤兴"读书力田，负坚毅之气，冒危难，不稍顾"，"以义侠闻里中"。汤与丘逢甲既为同乡，又意气相投，且素怀爱国之志，每闻清政府对外奴颜婢膝、丧师辱国之事，辄义愤填膺，发誓洗雪民族之耻。甲午战争爆发后，慷慨请战，组织义军。吴汤兴此次率众守新竹，积极筹划防御，鼓舞士气。同时，发布公告，申明军纪，号召民众奋起抗日，有进无退，以示必死之决心。6月11日，吴汤兴集合守军，祭旗誓师，将一面大鼓摆设在三丈高的架子上，有事击鼓，各庄听到鼓音即刻齐集公所，迎击日军。吴汤兴慷慨激昂，高呼"是吾等效命之秋也"，以示必死抗敌之决心。群情激奋，士气高昂。6月12日，闻日军南犯新竹，即引军从新竹沿铁路线北上，主动出击，截杀日军。

日军北白川能久亲王率近卫师团于11日抵台北，立刻下令抢占民房，搜掠鸡、牛。居民莫不心惊胆战，有的举家外逃，有的紧闭门户，风声鹤唳，街道几无行人，繁华的台北市犹如一座空城。12日，日军南犯，以期拿下新竹，打通南进道路。日军行进中，沿途强征百姓为其运送辎重。14日，第二联队第四中队进至头亭溪，却发现所征民夫全部逃走，且沿途村落，家家闭户，人影不见。日军沿途不敢停留，直扑南下必经之地——大湖口，恰好钻进了义军预设的"口袋"。凶狠狂妄的日军对此却浑然不知，待占领大湖口后，才发现与后方联系已被完全切断。吴汤兴率义军向日军发动猛烈进攻，徐骧率民团军，邱国霖、陈起亮也率所部义军前来参战，从四面八方将日军团团围住。山区农民猎户常常打猎，精于射术，奋勇杀敌，开战之后，给日军以重大杀伤。只是因为天降大雨，义军进攻才告停止。雨停后，义军又恢复进攻，日军被迫死守。16日，被围日军作困兽斗，趁黑夜义军防备稍显松懈，拼死突围逃走。

　　北白川能久收拾败军，增添兵力，于6月19日再次南犯。此次，日军吸取上次失败的教训，依仗武器精良，动用山炮开路，与义军展开激战。21日下午，日军进攻大湖口东站，义军依靠工事，全力抵抗。日军久攻不下，损失了不少士兵，于是，放弃对大湖口的进攻，转向直扑新竹城。22日上午，日军阪井支队逼近新竹城下，在炮火掩护下，开始攻城。吴汤兴率义军拼力死守，怎奈"饷械不继"，抵挡不住优势火力下进攻的日军，义军将士伤亡严重。为避免更大伤亡，吴汤兴只得下令弃城撤走。日军攀城墙而入，新竹陷落。

　　日军占据新竹城后，愈发骄横跋扈，不可一世。桦山资纪与北白川能久立即发布南进训令，企图一举占领全台。然而，事实的发展却深深教训了这群侵略者。日军虽然占得新竹，但城外各庄仍在义军手中，造成了日军孤军占孤城、四面被包围的态势。日军不仅在新竹城遭到围攻，南进计划无法迅速实现，就是新竹以北日军已经占领的地区，局面也很难控制。这是北白川能久和桦山资纪所始料不及的。6月23日，日军设在新竹以北中坜的兵站就遭到数百名义军士兵的猛烈围攻,双方自午后2时激战至下午7时,义军主动撤出战场。驻防日军被打得狼狈不堪,心惊胆战。《东京日日》报记者也称自"去年日清战争期间,兵站线长达五百余里,所设兵站亦不少,却从未遭遇敌军如此猛烈之袭击"。25日,义军突袭自台北前往新竹的日军送粮队伍,毙伤十数人。同日上午,数百义军反攻新竹,与日军激战竟日。日军调来山炮轰击城外义军,才总算解了新竹之围。面对义军一连串的进攻,桦山资纪深感一口吞并全台实非易事,迫不得已改变了"南征"计划,决定先稳定台北、新竹的局面,再行南犯。

鉴于新竹重要的战略地位,抗日义军在被迫退出新竹后,也开始积极筹划反攻,以夺回新竹。在台北、新竹之间,以胡嘉猷、苏力、江国辉为首的三支义军,与入侵日军展开了顽强激烈的搏战。义军袭击日军的运粮队、卫生队、担架队、侦察队,并充分利用熟悉地形的长处,处处打击日军,给日军以重大杀伤,取得了三角涌等地战斗的胜利。但因日军采取野蛮的手段,反复地疯狂扫荡,实行烧光、杀光、抢光的政策,致使大批民众遭到屠杀,义军也受到很大损失。由于日军的残暴,加之义军抗战热情的高涨,一些地方官绅也改变了观望的态度。原台湾民主国任命的台湾知府黎景嵩,见义军声势日盛,以为恢复有望,便召集台湾、彰化、云林、苗栗四县官绅开会,商议防守事宜,并设立筹防局,招募义军4营,命名为新楚军,任命副将杨载云为统领。这支队伍与吴汤兴的新苗义军联合起来,成为台湾中部抗日的主力。当此之际,守卫新竹的日军仅1000余人,力量相对薄弱,此时黎景嵩如能联合驻防台南的刘永福,率黑旗军前来,那么不仅新竹指日可复,反攻台北也正是大好时机。可惜,这位黎知府心胸狭窄,认为凭现有的力量攻克日军驻守的新竹绰绰有余,害怕刘永福会前来争功,因一己私利放弃了联合刘永福黑旗军,共同歼灭日军的机会,终于酿成了无可挽回的损失。

7月10日,义军又一次反攻新竹。吴汤兴攻南门,杨载云居后接应,陈澄波攻西门,姜绍祖攻东门,徐骧率部从北路进攻。上午8时,攻城战打响,吴汤兴进攻南门受阻,遂与杨载云部会合,对城东十八尖山展开猛攻。日军居高临下,从山上发炮猛轰,并向山下义军发起反冲锋,双方展开激烈的拉锯战,山顶几度易手。义军固无大炮,且子弹缺乏,终被日军赶下山顶。姜绍祖进攻东门,也被日军打退,并遭大队日军围攻,虽毙伤日军多名,终因寡不敌众而被包围,左冲右突而不得脱,后退守枕头山竹林中一无人居住的空宅,继续指挥士兵死守。姜绍祖,号缵堂,新竹北埔镇人,家巨富。日军侵台后,绍祖激于义愤,尽散家资,制造武器,招募士兵,组成"敢字营"。曾率部进驻大湖口,与吴汤兴、徐骧会师共抗日军。后又组织"赞字军",配备长枪子弹,以加强火力。反攻新竹战斗中,姜绍祖作战异常勇敢,被俘后,他身份并未暴露,日军并不知道姜绍祖已被捕。天亮后,得知此信,急至狱中查找,姜绍祖与7名义军战士早已越狱逃走。此后,他在一次与日军遭遇战中壮烈牺牲,为抗击日寇侵略洒尽了最后一滴血。姜绍祖英勇战斗,壮烈牺牲的事迹一直在台湾民众中传颂。此次新竹反攻战,亦告失利。

7月25日,义军乘夜对新竹发动第三次反攻。义军战士趁黑夜登城,被守城日军巡逻兵发现,鸣枪报警。日军立即冲出西门,用山炮猛烈轰击围城义军。不甘示弱的义军吸取上次没有大炮吃亏的教训,调来了大炮,三面环攻。双方激战一昼夜,义军攻势虽猛,但因城墙坚实,掩体坚固,难以得手。一夜攻击,义军士兵已死伤130余人,而日军仅1死5伤。战至天亮,义军被迫再次撤走,反攻新竹的战斗终告失利。

4. 保卫台中

日军在新竹站稳脚跟,并经反复扫荡,基本稳定了台北至新竹间的局势后,开始实施南进计划,进犯台中。由于沿途受到义军的处处攻击,故再次采取"烧光、杀光"政策,见房屋就烧,见人就杀,残暴野蛮之极。为阻止日军南犯,吴汤兴、徐骧、邱国霖、杨载云等各部义军在台中苗栗镇以北的尖笔山设防,严阵以待。日军以1万余人,并在海军支持下,气势汹汹扑来。8月8日黎明,日军分左、右两翼向尖笔山前的枕头山和鸡卵面发动进攻。分守此二地的徐骧和吴汤兴率部奋起抵抗,战斗极为激烈,后因日军炮火过猛,义军难以支持,才被迫撤走。9日,3个联队的日军在舰炮掩护下,向头份庄发起攻击。杨载云率部死守,誓不后退半步,在友邻义军相继撤走时,仍独力支持,毫不畏惧。杨载云,原籍湖北,后从军来台,屡立战功,被升为副将。日军侵台后,积极招募士兵,命名为"新楚军"。杨载云率这支义军参加反攻新竹的战斗,英勇非常。后退守台中,因他异常善战,智勇双全,在诸路抗敌义军中,威名大震,日军闻之胆寒。对他的功绩及威名,黎景嵩异常妒忌,黎氏不顾与日军交战正值危急时刻,竟然撤去杨载云新楚军统领之职,以李惟义统率新楚军。激战中,杨不顾个人恩怨,仍旧指挥士兵坚守,毫不退却。日军从正面进攻难以奏效,遂使用卑鄙手段,收买汉奸为其引路,抄袭杨载云义军的后路,切断了杨载云部与其他义军的联系。面对优势日军的四面包围和猛烈进攻,杨载云挺立阵前,指挥部下拼死战斗。不料李惟义却首先逃跑,牵动防守阵形,带动清军后撤,以致新楚军大营被日军冲破。新楚军士兵勉力苦战,最后全部壮烈牺牲。杨载云也"身中数枪",捐躯沙场,实现了战前保卫家园不惜抛洒鲜血的誓言。新楚军自失去杨载云之后,一蹶不振。驻防尖笔山的徐骧义军孤掌难鸣,在重创日军并生俘数十名日军士兵后,被迫撤走,尖笔山、头份庄失守。

随着徐骧率部后撤,台中地区苗栗便成为义军在台中的最大据点。刘永福也于7月中旬派吴彭年等统领黑旗军士兵700余人北上,增援台中义军的防守。8月13日,北白川能久率师团主力进犯苗栗。上午10

时，双方在苗栗东畔山前展开激战。日军凭借猛烈的炮火，连续摧毁数座义军堡垒。吴彭年指挥部下顽强抗击，其属下黑旗军兵营管带袁锡清和帮带林鸿贵更是"身先士卒，屡冲敌锋"，不幸身中数枪，双双阵亡。吴彭年眼见爱将阵亡，仍骑白马挺立阵前督战，士兵感奋，殊力拼杀。战至中午，义军伤亡惨重，吴彭年被迫下令撤走。此时，身为苗栗知县的李烇却早已带着官印，内渡逃回福州了。14日上午，日军占领苗栗。

吴彭年率义军退守大甲溪后，重整队伍，在广大人民群众的大力支持下，重新布置防御。8月22日，日军近卫师团以步兵为前导，马队、炮队断后，对大甲溪发动猛烈进攻。吴彭年指挥部下避开日军的锋芒，在大甲溪设下伏兵。

大甲溪是台湾第一大河流，蜿蜒于苗栗、台中、彰化之间，两岸乱石参差，林木丛生，山谷险峻。乘日军渡河之际，吴彭年率部突然从南岸冲出，猛击日军。日军猝不及防，狼狈逃回北岸。埋伏在北岸竹林中的徐骧义军，突然杀出，日军首尾不能相顾，被击毙击伤及溺水而亡者无数，残部夺路逃走。义军缴获大量枪支弹药和数艘船的粮食，极大地振奋了士气。次日，被打得老羞成怒的日军全力反扑，义军也分三路出击迎敌，双方势均力敌，互不相让，激烈拼战。在头份庄败逃而此时镇守后路的李惟义，贪生怕死，没有挡住从后路包抄上来的日军偷袭部队，致大营失陷。各路义军见后路断绝，纷纷撤走。断后的一营义军为掩护大队义军撤走而力挡几个方面日军的猛烈进攻,全部壮烈牺牲,大甲溪失陷。

占领大甲溪后,日军开始全力进攻彰化。彰化城小,难以防守,城东的八卦山,可以俯瞰全城,守山就可守城。因而,守卫八卦山就成为保卫彰化城的关键。刘永福派5营黑旗军前来增援。经协商,义军由吴汤兴、徐骧等4营守八卦山,王德标率1营守中寮庄北,刘得胜率1营守中寮庄南,孔宪盈率1营守茄苳脚,李惟义率4营守彰化城并策应各路,吴彭年率军守城北大肚溪南岸。日军则以近卫师团为主力,分三路向义军阵地冲来。

8月28日晨,日军炮兵首先发炮,猛烈轰击正面防线的黑旗军部队,从而拉开了总攻的序幕。6个中队的日军分东、西、南三个方向对八卦山炮台猛烈冲锋,日军漫山遍野,蜂拥而上。义军殊死抵抗,吴汤兴足蹬草鞋,帕巾裹头束腰,手持短铳,在山顶往来奔走,指挥作战,大呼杀贼,激励士卒。徐骧也率部拼力死战,猛烈反击进攻日军。激战数小时,八卦山守军伤亡殆尽,吴汤兴中弹倒地,壮烈牺牲,年仅35岁。徐骧独力难支,只得率20余人从后山突围而走,八卦山失守。占领八卦山的日军,架炮向彰化城内轰击。驻守彰化城的李惟义,早已吓得魂飞魄散,与知府黎景嵩抛弃守军,逃往台南。被日军收买的汉奸又打开西门,日军蜂拥而入,疯狂屠杀出逃的百姓,并与守城的部分义军展开巷战。彰化城内,百姓尸体到处可见。不久,彰化陷落。

此时，唯独西路战斗仍在激烈进行，面对日军对中寮庄、茄苳脚的猛烈进攻，王德标、孔宪盈率部奋力猛冲，激烈反击。黑旗军士兵人人奋勇，个个争先，大量杀伤日军，战况呈胶着状态。激战中，吴彭年突然发现八卦山上竖起日本旗，十分震惊。为夺回这一防守的制高点，遂亲率数百士兵反击，以期奋力打垮日军，夺回八卦山。冲锋中，吴彭年身中数弹仍奋勇前冲，后因伤势过重，力竭倒地。他坚决不肯让亲兵搀扶他后撤，坚持裹伤再战，终因流血过多，壮烈牺牲。这位来自浙江余姚的勇士，以自己对祖国河山的热爱及对日本侵略者的刻骨仇恨，转战台中各地，痛击日军。此次英勇牺牲，其爱国精神颇为时人称颂，世称"古人忠臣烈士，何以如此哉"，实不为过。王德标见吴彭年牺牲后，仍不退却，虽身上多处受伤，仍指挥士兵力战，后被左右亲兵挟持撤走。至此，台中防卫战结束，义军将士含泪掩埋了400多具遗体，余部被迫南撤。

面对义军节节失利，北白川能久踌躇满志，占领彰化后，立刻指挥日军兵分三路，直扑台南。8月30日，日军前锋进至大莆林，直逼嘉义县。由于台中诸城尽失，义军损失严重，坐镇台南的黑旗军统领刘永福虽苦于内无粮饷，外无援兵，但仍勉力维持。急令王德标率部驻防嘉义，提拔杨泗洪"节制黑旗前敌诸军，及各地义勇队"。杨泗洪，字锡九，号茂龄，江苏宿迁人。拳技世家出身，自幼习武。性情直率豪爽，素怀报国之心。曾在刘铭传麾下为将。中法战争随刘赴台，在沪尾一战中大败法军，由此威名大震。他曾9次返回大陆，招募兵勇。经他训练之后，这支队伍纪律严明、战斗力颇强。杨泗洪也被升为记名提督，署台湾镇总兵。后邵友濂继任台湾巡抚，裁撤防军，被降为营官。此次，被刘永福委任为指挥，杨泗洪深为感激。8月30日，探知日军来犯，遂率部直扑大莆林。

大莆林位于嘉义城北30里，是通往台南的交通要道。9月3日，当杨泗洪率黑旗军逼近大莆林时，探听到日军有一个骑兵大队和一个步兵大队已占据大莆林，遂即下令，将大莆林团团围住。日军发觉被包围后，为保住后退道路的畅通，急忙派出一个中队突围而出，回防要地他里雾。途中，遭遇黑旗军伏击，日军伤亡严重，难以再战，只好坚持到天黑，狼狈奔向他里雾。不久，黑旗军进攻他里雾，驻扎他里雾的日军全被黑旗军歼灭。日军无奈，只好又匆忙逃回大莆林。

9月5日夜，大莆林的日军已被围困了三天三夜，粮草断绝，又无外援，为避免坐以待毙，决定突围北逃。6日凌晨，正当日军刚要出逃之际，黑旗军和义军发动了进攻。在山炮的轰击下，黑旗军及义军将士勇猛异常，激战2个小时，日军弹药用尽，无力支持，只好冒死突围。日军破围北窜，杨泗洪身先士卒，率士兵奋勇追杀，不幸腿部中弹，仍裹伤继续追击日军。日军死伤惨重，且战且逃。追击中，杨泗洪见一日军将官落在后面，遂奋勇前冲，想生擒活捉，不料腹部又连连中弹，不支倒地，被部下救起。8日，杨伤重逝世，为保卫台湾不受日寇蹂躏而洒尽了最后一滴血。

杨泗洪奋勇杀敌、英勇捐躯的英雄行为极大地鼓舞了广大黑旗军及义军将士，他们化悲痛为力量，痛击日军。日军从大莆林突围后，拼命北窜。义军又收复台中之云林县，一时间，台中抗战形势大为改观，日军在台中处境极为艰难。

9月11日，日本从辽东半岛紧急抽调的第二师团及国内的后备队、工兵、炮兵等共计2万多人抵达台北，形势由此急转直下。为夺回彰化，义军决定冒险攻城。23日，各路义军合攻彰化，由于缺乏攻城重炮，仅凭步枪、抬杆等轻武器与拥有精良武器守城的日军交战，明显处于劣势。攻城战持续了三天，义军伤亡极大，首领黄荣邦牺牲，林文成受重伤，反攻彰化的计划终告失利。至此，台中全部失陷，台湾军民的抗战进入最关键的也是最困难的阶段。

5. 浴血台南

日军在彰化站稳脚跟后，桦山资纪开始策划攻取台南，组建"南进军司令部"，任命台湾副总督高岛鞆之助中将为司令官，大岛久直少将为参谋长，统一指挥南进事宜。由于经过台北至台中的大小数十次战役，桦山资纪深感仅仅靠近卫师团不足以拿下台南，于是电请大本营，调第二师团和联合舰队前来助战，兵力总计达4万人。10月3日，日军制定了前卫、左翼、右翼支队突击及主力部队随后跟进的作战方案，克期会攻嘉义。10月8日，日军从东、西、北三面包围嘉义城。

嘉义位于台南府城以北130里，背山面海，城墙下堆垒石，上砌厚砖，高4丈，厚1丈2尺，各门外筑有瓮城。城外还有宽阔的护城河。黑旗军主帅刘永福任命从台中退守此地的勇将王德标据守。王德标见敌人来势凶猛，难以硬拼，于是巧妙机智地制定了一个地雷战的计划，预先在城外义军营中埋设连环地雷，并巧加伪装。当晚，义军在与日军稍一交战后，佯败退入城中。日军果然中计，以为义军败逃入城，当晚即占据义军营盘宿营。入夜，王德标派勇士潜入营中，点燃地雷引线，连环雷大发威力，日军被炸死、炸伤700余人。义军首战获胜。

10月9日，被激怒了的日军，集中全部大炮，猛轰嘉义城。前卫队进攻北门，右翼队进攻西门，左翼队进攻东门。11时30分，日军炮群发挥了巨大威力，炮弹如倾盆大雨向城中倾泻，有如"万雷落地，天地为之震撼"。步兵也竖起登城竹梯，向城上冲来。王德标与退守此地的徐骧指挥士兵冒着日军弹雨，猛烈射击攻城的日军，并大力破坏日军架设的登城竹梯。激战多时，日军依仗人多势众，从西、北、东三门突入城内，义军大部分将士阵亡。王德标、徐骧率残部杀开一条血路，突围而走。嘉义城落入敌手。

嘉义失守后，义军处于非常不利的局面。几个月的浴血奋战，虽重创日军，但上万名义军战士捐躯疆场，一批爱国将领如吴汤兴、杨载云、吴彭年、姜绍祖等也纷纷血洒战场，义军士气受到很大挫伤，加之兵力不足，补充困难，弹药缺乏，反抗日本侵略者的斗争已处于万分危急的时刻。而日军近卫师团大部，已于10月10日向台南进犯；第二师团的第四旅团在布袋嘴登陆，进犯台南；第三旅团在枋寮登陆，从南面进攻台南；海军也进攻台南重要港口打狗港，形成三面包围台南的态势。

进攻打狗港的日军，遇到义军的顽强抵抗，沿途不断受到义军的围追堵截。在王爷头，4000名义军与日军佐佐木联队激战，多次击退日军冲锋，即使日军前锋突入阵地，冲到炮队跟前，义军士兵也毫不退缩，仍然顽强开枪开炮，直至战死。此战，日军伤亡20余人，义军有300多人牺牲。王爷头陷落后，曾文溪就成为台南以北义军驻守的最后一道防线了。

曾文溪位于台南府城北34里，南岸有一条高丈余的大堤，北岸为沙地，步行甚为困难。为保卫台南，刘永福下决心在此进行最后的抵抗，任命总兵柏正树统军前往曾文溪驻防，令王德标、徐骧率部助战。义军前线兵力已达4000多人。10月19日，日军第四旅团仗着人多势众，又有炮队助战，向义军阵地扑来。接近义军阵地时，日军发现义军在正面阵地布防严密，为躲开黑旗军正面密集火力，遂改以正面佯攻。日军另以7个中队绕出曾文溪上游，涉水而过，进攻义军右翼。凌晨5时，日军步兵在猛烈炮火的掩护下发起进攻，弹如雨下，马步齐进，疯狂突进。义军既无炮兵，枪械弹药又不充足，更无马队，但广大士兵视死如归，毫不退缩。由于兵力过少，义军在日军骑兵冲击下，防线渐渐松动。值此危急时刻，徐骧率先锋营冲出掩体，迎面扑向日军，展开激烈的白刃格斗。徐骧身先士卒，冲在最前面，力拼杀敌，不幸中炮倒地，仍跳起高呼："丈夫为国死，可无憾！"遂气绝身亡。徐骧，字云贤，台湾苗栗头份人，祖籍广东，18岁中秀才。文武兼备，秉性刚毅，颇具胆识。曾在头份执教。甲午战争爆发后，忧思切愤，素怀抱国之心，常抒雪耻之志。日军侵台后，毅然投笔从戎，组织义军，慨然赴前敌。自台北保卫战起，转战于台北、台中、台南各战场，历经大小数十次战斗，每每身先士卒，冲锋在前，屡立战功。义军将士无不称其勇敢善战，日军无不畏其英勇。徐骧的牺牲，使义军失去一名中流砥柱，时人万分惋惜，对他充满敬意。曾文溪之战，以义军失败而告结束，总兵柏正树阵亡，王德标下落不明，义军200多人战死。曾文溪的陷落，使得台南府城陷于日军的三面包围之中，危在旦夕。

面对日军三面包围，义军士兵弹尽援绝，形势万分危急之际，主帅刘永福一筹莫展。本来，刘永福率部来台后，既不为朝廷所信任，又屡遭台省官员排挤压制。为增强实力，他多次提议召旧部黑旗军3000人来台，却屡遭拒绝。鉴于义军军需物资供应紧张，他又多次向内地官绅呼吁，希望支援枪械弹药粮草。张之洞却以朝廷不允为由，推却了事。面临外援断绝、粮草告尽的局面，刘永福万分焦急。此时，英国驻台领事胡力稽代表洋商利益，劝刘永福与日本议和。刘永福苦思别无良策，遂即致信桦山资纪，提出议和。条件是：①厚待百姓，不可侮辱，台省民众不论何人，不得加害、残害；②对刘永福本人及所部兵勇，不得侮辱，许可内渡大陆。这封求和信遭到桦山资纪的断然拒绝。此时，摆在刘永福面前可供选择的道路，要么内渡大陆，要么进入内山，坚持武装斗争。值此生死存亡的关键时刻，这位身经百战的英雄，却求助于神灵，焚香求签，以定夺进退。不料，却抽得一大凶签语，此举，坚定了他内渡的决心。10月19日夜，刘永福率其子成良及部将、幕客等乘英国商船内渡厦门。刘氏的内渡，大大恶化了台南城内情况，义军武装失去统一指挥，顿时大乱。台南城东教堂英国传教士福格逊和巴克蒙把刘永福内渡消息告知日军，21日晨，日军从小南门进入台南府城，台南陷落。27日，桦山资纪发布告示，宣告"台湾全岛已全部平定"。

　　长达4个月之久的台湾人民轰轰烈烈的反割台斗争，由于清政府的出卖、少数地方官绅的腐败无能及台湾军民与敌力量对比悬殊而告失败。广大台湾军民以自己的鲜血和生命，为捍卫祖国的统一和领土完整，谱写了一曲曲惊天地、泣鬼神的壮丽诗歌，并给5万侵台日军以沉重打击。日军被毙、伤、病达3.2万人，其中北白川能久中将、山根信成少将等皆在此毙命。日军付出了比在甲午战争中多一倍的死亡人数才占领台湾，而台湾人民的反侵略斗争也并未就此停止，而是一直持续下去。

　　1894年的中日甲午战争，是日本蓄意谋划发动的一场侵略战争，由于清政府腐败无能，战争以中国战败而告终。像以往历次战争一样，清政府除赔偿巨额军费外，又加割地，使得中国社会进一步沦为半殖民地半封建社会。8个月的战争，使日本尝到了发动侵略战争带来的好处，极大地刺激了它进一步侵略扩张的野心和胃口。通过攫取大批战争赔款，日本迅速崛起，跨入极富侵略性的帝国主义列强的行列。

各帝国主义列强也从日本战胜中国之中看出了中国的软弱可欺，继日本之后掀起了一个瓜分中国的狂潮，中国的民族危机空前严重。

巨额的赔款，大片领土的割让，不仅暴露出清政府的腐败无能、软弱可欺，也深深震动了中国社会。一大批有识之士，为了挽救国家、挽救中华民族，开始寻求自强独立的道路，进行不懈的追求和探索。可以说，甲午战争也是中国近代民族觉醒进程中的一个重要转折，一场急风暴雨式的反帝革命风暴正在华夏大地酝酿。

参考书目

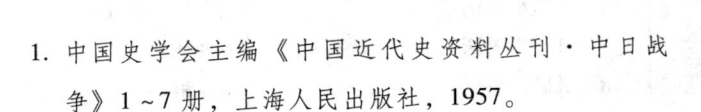

1. 中国史学会主编《中国近代史资料丛刊·中日战争》1～7册，上海人民出版社，1957。
2. 台湾"国防部"史政编译局译印《日军对华作战纪要》丛书1～43，1987～1991。
3. 孙克复、关捷编著《甲午中日陆战史》，黑龙江人民出版社，1984。
4. 戚其章主编《甲午战争九十周年纪念论文集》，齐鲁书社，1986。
5. 戴逸等著《甲午战争与东亚政治》，中国社会科学出版社，1994。
6. 戚其章著《甲午战争史》，人民出版社，1990。
7. 戚其章著《甲午战争国际关系史》，人民出版社，1994。
8. 张炜主编《甲午海战与中国近代海军》，中国社会科学出版社，1990。
9. 戚其章著《中日甲午战争史论丛》，山东教育出版社，1983。
10. 林伟功、黄国盛主编《中日甲午海战中方伯谦问题研讨集》，知识出版社，1993。

《中国史话》总目录

系列名	序号	书名	作者
物质文明系列（10种）	1	农业科技史话	李根蟠
	2	水利史话	郭松义
	3	蚕桑丝绸史话	刘克祥
	4	棉麻纺织史话	刘克祥
	5	火器史话	王育成
	6	造纸史话	张大伟　曹江红
	7	印刷史话	罗仲辉
	8	矿冶史话	唐际根
	9	医学史话	朱建平　黄　健
	10	计量史话	关增建
物化历史系列（28种）	11	长江史话	卫家雄　华林甫
	12	黄河史话	辛德勇
	13	运河史话	付崇兰
	14	长城史话	叶小燕
	15	城市史话	付崇兰
	16	七大古都史话	李遇春　陈良伟
	17	民居建筑史话	白云翔
	18	宫殿建筑史话	杨鸿勋
	19	故宫史话	姜舜源
	20	园林史话	杨鸿勋
	21	圆明园史话	吴伯娅
	22	石窟寺史话	常　青
	23	古塔史话	刘祚臣
	24	寺观史话	陈可畏
	25	陵寝史话	刘庆柱　李毓芳
	26	敦煌史话	杨宝玉
	27	孔庙史话	曲英杰
	28	甲骨文史话	张利军
	29	金文史话	杜　勇　周宝宏

系列名	序号	书名	作者
物化历史系列（28种）	30	石器史话	李宗山
	31	石刻史话	赵 超
	32	古玉史话	卢兆荫
	33	青铜器史话	曹淑琴 殷玮璋
	34	简牍史话	王子今 赵宠亮
	35	陶瓷史话	谢端琚 马文宽
	36	玻璃器史话	安家瑶
	37	家具史话	李宗山
	38	文房四宝史话	李雪梅 安久亮
制度、名物与史事沿革系列（20种）	39	中国早期国家史话	王 和
	40	中华民族史话	陈琳国 陈 群
	41	官制史话	谢保成
	42	宰相史话	刘晖春
	43	监察史话	王 正
	44	科举史话	李尚英
	45	状元史话	宋元强
	46	学校史话	樊克政
	47	书院史话	樊克政
	48	赋役制度史话	徐东升
	49	军制史话	刘昭祥 王晓卫
	50	兵器史话	杨 毅 杨 泓
	51	名战史话	黄朴民
	52	屯田史话	张印栋
	53	商业史话	吴 慧
	54	货币史话	刘精诚 李祖德
	55	宫廷政治史话	任士英
	56	变法史话	王子今
	57	和亲史话	宋 超
	58	海疆开发史话	安 京

系列名	序号	书名	作者
交通与交流系列（13种）	59	丝绸之路史话	孟凡人
	60	海上丝路史话	杜 瑜
	61	漕运史话	江太新　苏金玉
	62	驿道史话	王子今
	63	旅行史话	黄石林
	64	航海史话	王 杰　李宝民　王 莉
	65	交通工具史话	郑若葵
	66	中西交流史话	张国刚
	67	满汉文化交流史话	定宜庄
	68	汉藏文化交流史话	刘 忠
	69	蒙藏文化交流史话	丁守璞　杨恩洪
	70	中日文化交流史话	冯佐哲
	71	中国阿拉伯文化交流史话	宋 岘
思想学术系列（21种）	72	文明起源史话	杜金鹏　焦天龙
	73	汉字史话	郭小武
	74	天文学史话	冯 时
	75	地理学史话	杜 瑜
	76	儒家史话	孙开泰
	77	法家史话	孙开泰
	78	兵家史话	王晓卫
	79	玄学史话	张齐明
	80	道教史话	王 卡
	81	佛教史话	魏道儒
	82	中国基督教史话	王美秀
	83	民间信仰史话	侯 杰
	84	训诂学史话	周信炎
	85	帛书史话	陈松长
	86	四书五经史话	黄鸿春

系列名	序号	书名	作者	
思想学术系列（21种）	87	史学史话	谢保成	
	88	哲学史话	谷 方	
	89	方志史话	卫家雄	
	90	考古学史话	朱乃诚	
	91	物理学史话	王 冰	
	92	地图史话	朱玲玲	
文学艺术系列（8种）	93	书法史话	朱守道	
	94	绘画史话	李福顺	
	95	诗歌史话	陶文鹏	
	96	散文史话	郑永晓	
	97	音韵史话	张惠英	
	98	戏曲史话	王卫民	
	99	小说史话	周中明	吴家荣
	100	杂技史话	崔乐泉	
社会风俗系列（13种）	101	宗族史话	冯尔康	阎爱民
	102	家庭史话	张国刚	
	103	婚姻史话	张 涛	项永琴
	104	礼俗史话	王贵民	
	105	节俗史话	韩养民	郭兴文
	106	饮食史话	王仁湘	
	107	饮茶史话	王仁湘	杨焕新
	108	饮酒史话	袁立泽	
	109	服饰史话	赵连赏	
	110	体育史话	崔乐泉	
	111	养生史话	罗时铭	
	112	收藏史话	李雪梅	
	113	丧葬史话	张捷夫	

系列名	序号	书名	作者	
近代政治史系列（28种）	114	鸦片战争史话	朱谐汉	
	115	太平天国史话	张远鹏	
	116	洋务运动史话	丁贤俊	
	117	甲午战争史话	寇伟	
	118	戊戌维新运动史话	刘悦斌	
	119	义和团史话	卞修跃	
	120	辛亥革命史话	张海鹏	邓红洲
	121	五四运动史话	常丕军	
	122	北洋政府史话	潘荣	魏又行
	123	国民政府史话	郑则民	
	124	十年内战史话	贾维	
	125	中华苏维埃史话	杨丽琼	刘强
	126	西安事变史话	李义彬	
	127	抗日战争史话	荣维木	
	128	陕甘宁边区政府史话	刘东社	刘全娥
	129	解放战争史话	朱宗震	汪朝光
	130	革命根据地史话	马洪武	王明生
	131	中国人民解放军史话	荣维木	
	132	宪政史话	徐辉琪	付建成
	133	工人运动史话	唐玉良	高爱娣
	134	农民运动史话	方之光	龚云
	135	青年运动史话	郭贵儒	
	136	妇女运动史话	刘红	刘光永
	137	土地改革史话	董志凯	陈廷煊
	138	买办史话	潘君祥	顾柏荣
	139	四大家族史话	江绍贞	
	140	汪伪政权史话	闻少华	
	141	伪满洲国史话	齐福霖	

系列名	序号	书名	作者
近代经济生活系列（17种）	142	人口史话	姜涛
	143	禁烟史话	王宏斌
	144	海关史话	陈霞飞 蔡渭洲
	145	铁路史话	龚云
	146	矿业史话	纪辛
	147	航运史话	张后铨
	148	邮政史话	修晓波
	149	金融史话	陈争平
	150	通货膨胀史话	郑起东
	151	外债史话	陈争平
	152	商会史话	虞和平
	153	农业改进史话	章楷
	154	民族工业发展史话	徐建生
	155	灾荒史话	刘仰东 夏明方
	156	流民史话	池子华
	157	秘密社会史话	刘才赋
	158	旗人史话	刘小萌
近代中外关系系列（13种）	159	西洋器物传入中国史话	隋元芬
	160	中外不平等条约史话	李育民
	161	开埠史话	杜语
	162	教案史话	夏春涛
	163	中英关系史话	孙庆
	164	中法关系史话	葛夫平
	165	中德关系史话	杜继东
	166	中日关系史话	王建朗
	167	中美关系史话	陶文钊
	168	中俄关系史话	薛衔天
	169	中苏关系史话	黄纪莲
	170	华侨史话	陈民 任贵祥
	171	华工史话	董丛林

系列名	序号	书名	作者		
近代精神文化系列（18种）	172	政治思想史话	朱志敏		
	173	伦理道德史话	马勇		
	174	启蒙思潮史话	彭平一		
	175	三民主义史话	贺渊		
	176	社会主义思潮史话	张武	张艳国	喻承久
	177	无政府主义思潮史话	汤庭芬		
	178	教育史话	朱从兵		
	179	大学史话	金以林		
	180	留学史话	刘志强	张学继	
	181	法制史话	李力		
	182	报刊史话	李仲明		
	183	出版史话	刘俐娜		
	184	科学技术史话	姜超		
	185	翻译史话	王晓丹		
	186	美术史话	龚产兴		
	187	音乐史话	梁茂春		
	188	电影史话	孙立峰		
	189	话剧史话	梁淑安		
近代区域文化系列（11种）	190	北京史话	果鸿孝		
	191	上海史话	马学强	宋钻友	
	192	天津史话	罗澍伟		
	193	广州史话	张苹	张磊	
	194	武汉史话	皮明庥	郑自来	
	195	重庆史话	隗瀛涛	沈松平	
	196	新疆史话	王建民		
	197	西藏史话	徐志民		
	198	香港史话	刘蜀永		
	199	澳门史话	邓开颂	陆晓敏	杨仁飞
	200	台湾史话	程朝云		

《中国史话》主要编辑出版发行人

总　策　划　谢寿光　王　正
执行策划　杨　群　徐思彦　宋月华
　　　　　　梁艳玲　刘晖春　张国春
统　　筹　黄　丹　宋淑洁
设计总监　孙元明
市场推广　蔡继辉　刘德顺　李丽丽
责任印制　岳　阳